北森人才管理研究院◎著

关键跨越

新|手|篇

从**业务高手**到**优秀主管**

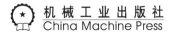

机械工业出版社

China Machine Press

图书在版编目（CIP）数据

关键跨越（新手篇）：从业务高手到优秀主管 / 北森人才管理研究院著 . —北京：机械
工业出版社，2021.1（2021.3 重印）

ISBN 978-7-111-67021-6

I. 关… II. 北… III. 企业管理 IV. F272

中国版本图书馆 CIP 数据核字（2020）第 239765 号

在本书中，不同层级管理者最关键的能力要求被称为"关键跨越"。完成关键跨越，具备了相应能力的管理者，就基本能胜任相应层级的管理工作。本书介绍了从"管理自我"到"管理他人"的关键跨越，即刚开始做管理的新手管理者需要具备的关键能力。

本书分五个部分。第一部分初步介绍新手管理者的三个关键跨越，以及完成关键跨越的难点。第二至第四部分介绍三个关键跨越——承担管理责任、推动执行和辅导他人的具体内容，以及对应的发展建议。第五部分介绍从"管理自我"一直到"管理企业"的所有关键跨越的全貌，点出管理者在整个管理职业生涯中可能会遇到的困难，以及会收获的管理馈赠，帮助读者树立信心，成就未来。

关键跨越（新手篇）：从业务高手到优秀主管

出版发行：机械工业出版社（北京市西城区百万庄大街 22 号　邮政编码：100037）

责任编辑：刘新艳　　　　　　　　　　　　　　　责任校对：李秋荣

印　　刷：北京市荣盛彩色印刷有限公司　　　　　版　　次：2021 年 3 月第 1 版第 2 次印刷

开　　本：170mm×230mm　1/16　　　　　　　　印　　张：14.75

书　　号：ISBN 978-7-111-67021-6　　　　　　　定　　价：69.00 元

客服电话：（010）88361066　88379833　68326294　　　投稿热线：（010）88379007

华章网站：www.hzbook.com　　　　　　　　　　　读者信箱：hzjg@hzbook.com

| 目　录 |

新手管理者的角色转变

一种本质性的"关键跨越"

企业间的竞争归根结底是人才的竞争。随着外部商业环境的不确定性成为常态、人口红利消失，企业人才"外获"的压力不断增大，这让更多的企业越来越关注人才的"内生性"。优秀的内部人才不仅能够成为企业最强有力的发展动力，降低人才获取成本，还能够将融合了企业基因的技术和经验加以巩固与发展，为企业创造更多的附加值。

一线管理者作为企业前端带队作战的排头兵，发挥着执行、落实企业各项具体任务并达成目标的至关重要的作用，是企业需要重点关注和培养的群体。他们根据企业的战略决策，带领着一线作战部队，通过共同的努力，把企业的要求和目标转化成一场场"战役"的胜利。简单来讲就是"顶层指明方向，一线创造战果"。

一位员工被任命为一线管理者，意味着他必须迎接职业生涯中真正的挑战。这时，企业对这些新手管理者的要求就不再仅仅是成为技术能手、业务专家，而更多的是希望他们能够"两手都要抓，两手都要硬"：既善于做好业务，又能够带好队伍。两条管理逻辑兼容并蓄。因此，虽然看起来从一线员工晋升为一线管理者，只是管理幅度和职级上的变化，但这种转变的实质是一种本质性的角色升级，也是一种本质性的"关键跨越"。以前能把工作做好的优秀员工，在真正升级为一线管理者后，需要在保持原有高绩效工作状态的同时，尽快适应他们职业生涯中第一个具有"完整管理者能力结构"的全新角色。这一过程是艰难的，也是极具挑战的。

对于如何快速转换角色，从优秀员工顺利过渡为一名优秀的管理者，新手管理者或许可以在北森人才管理研究院出版的《关键跨越（新手篇）：从业务高手到优秀主管》这本书中找到答案。

第一，本书的选题非常聚焦、具体，对于从卓越员工成长为优秀的一线管理者的培养和发展过程，进行了深入的剖析，并提供了非常具有现实意义的研究指引和非常实用的方法论。

第二，书中的内容不仅是经验的提炼，还融合了北森人才管理研究院将近20年的关于卓越管理者能力模型、能力结构内涵的深度研究，也嵌入了北森人才管理研究院针对企业各层级扎实的管理能力研究。

第三，书中呈现了大量一线管理者成长和发展的鲜活案例，生动地再现了一名新手管理者经常面对的管理情景，并提供了逻辑清晰、切合实际的解决方案。这些内容能够帮助新手管理者快速进入新角色，把握好管理学方法论的精髓，并抓住具体管理工作的关键要点和关键场景中"如何做好"（know how）的诀窍，从而有序地顺利完成新手管理者的角色转换。

战略的力量在于方向感的把握和对路径的规划，而一线管理者的力量则在于将战略落地和实现，二者相辅相成，缺一不可。愿更多的读者可以从本书中汲取稳步前行的力量，面对关键的职业转换期，充满希望并一往无前！

周禹

中国人民大学商学院组织与人力资本战略教学杰出教授，博士生导师

从技术专家到管理者的关键跨越

在从事技术类工作 4 年后，我第一次以团队管理者的角色带领技术团队，当时感觉新鲜而又充满挑战。时至今日，我已经工作了 18 年，对管理者的能力发展有了更多的体验。管理工作不仅是一门科学，也是一门艺术。在职业发展过程中，我的管理技能在挑战中不断提高，对"管理"的认识也在变化中不断成熟。在从初级管理者到成熟管理者的成长过程中，我经历了很多的挑战、失败，我也在纷至沓来的打击中总结、努力、成长。

在刚晋升为团队管理者时，我面对的最大困难，是对自己的角色定位和职责定位。在成为团队管理者之前，我是一个狂热的技术爱好者，喜欢钻研开源代码、算法，往往为调试一段代码而忘我地工作到深夜。在我的潜意识里，我认为自己能够成为团队的管理者，主要原因是我的技术过硬，能够从团队里脱颖而出。在成为团队的管理者后，我依然把在技术水平上有更高的突破当作自己最重要的事。因此，我尽可能地在团队工作里挑战最难搞的技术，从而建立自己的技术壁垒，并以此在团队中树立起管理者的（技术）威信。这一做法让我在最开始的一个季度感觉良好，我工作更加努力了，对技术的钻研也更加深刻了。然而，半年之后，我发现自己的工作开始不断地被团队成员甚至其他部门的同事打断，大量的面试、会议、沟通、协调工作占用了我很多时间，我能够投入到技术上的时间越来越少，这给团队的产出带来了很大影响。

现在来看当时的情境，当时我遇到挑战，主要是由于自己的角色定位和职责定位出现了偏差。虽然我当时已经是一个管理者，但是我却把自己当作团队主要的产出贡献者、技术专家，而没有把自己当作撬动团队整体产出的杠杆、发挥团队整体力量的教练。我的做法使团队的攻坚、主要产出都主要依赖自己，没能促使团队其他成员展现他们的价值，没能激发他们的工作积极性。在随后一段时间里，我堕入了"管理的黑暗"，团队在我的带领下，士气开始低落，有些同事甚至因此离开。这样的情境促使我反思，到底自己哪方面没有做好，需要做哪些调整。

后来，我在短暂的"跌跌撞撞"中完成了新手管理者心理上的角色转变，也渐渐掌握了成为一名新手管理者的关键要素，那就是承担好管理责任，并且对团队成员做好辅导工作，推动整个团队共同完成工作目标。因此，我获得了一段时间的"职场"红利，因为我带的团队氛围好、战斗力强、产出高，我很快便获得了晋升，开始作为部门经理带领一个研发部门，我所负责部门的员工增加到 20 人。当然，所有的美好背后都很快就会出现挑战。这不禁让我想起一句话：每个人都是晋升到自己不胜任的岗位上。

在晋升为部门经理后，我延续了在之前团队的管理者角色定位，沿用了在过去岗位上的管理风格和管理技术，重视团队成员的能力培养，让团队成员负责重要、关键的事。但是很快我就发现部门工作的结果不够好，一些重要项目没有如期交付。当对这些项目进行复盘时，我发现很多团队的成员反映存在"某某团队不配合、不支持"的情况。经过反思，我发现部门间的协作是团队的弱项，这严重影响了工作的结果。团队间的协作难以进行，既有"冷"的不配合，也有"热"的冲突。这往往是对团队间的合作、冲突管理不善所致。因此，我再次调整了自己管理工作的重点，在协同增效方面下了很多功夫，最终跨部门沟通的问题得以有效解决。

在这个挑战被解决后，我自然又享受了一段时间的"红利"，我们团队表现出更多的善意和更强的合作意愿与冲突管理能力，那些前期遇到阻碍的项目也开始顺利推进。然而，挑战是不会停止的，新的问题又出现了：团队所完成项目的结果受到公司的挑战，没有如预期贡献应有的价值。这又是什么导致的呢？经过深入的分析，我发现这些项目本身的价值、方案是有问题的，技术团队虽然在持续产出结果，但是这些结果本身的方向就是错的。怎么办呢？把责任丢给项目经理、产品经理吗？这样做并不能解决问题。后来，我发现一个有效的解决办法：作为部门的负责人，我要站在项目、产品的角度，从业务需求本身看问题。这是一个更大的挑战，因为技术负责人没有产品设计、项目管理和业务理解的背景，没有对应的经验和知识，难以做出有效的判断。要解决这个问题，我只能把自己的短板补上，不一定要自己具备产品设计、项目管理和业务理解的能力，但是要具备能够和产品经理、项目经理以及业务人员对话的能力。我需要在早期就参与到业务人员对产品设计逻辑的讨论中，去理解业务人员提出的需求的价值（或要解决的问题），并能够与产品经理沟通对应的产品方案是不是有效满足了客户的需求。

这个过程是个跨界的过程，从技术跨越到产品设计、业务运营。既要挑战自己的意愿，也要挑战自己的能力。有意愿跨界是基础，经过艰苦的努力和尝试，我总是能够在跨界的能力上进行量的积累，持续积累量变而至质变。

管理者之路是很有挑战性的，没有一个绝对正确的路径，这就需要我们在职业历程里不停地反思遇到的挑战，找到应对的方法，经过自己的学习、实践，一步步提升自己的管理能力和认知。《关键跨越（新手篇）：从业务高手到优秀主管》这本书根据北森人才管理研究院多年来对众多管理者的管理动作的调研，把初任管理者经常遇到的问题、挑战进行了归纳和总结，并提出了行之有效的解决办法。如果早些看到本书，我想自己的管理历程能够走得更顺利、更快一些。

方正柱

贝壳找房效率工程中心前总经理

管理理念的转变和文化的传递是新手管理者的重要挑战

基层管理者肩负着带团队、高效贯彻执行企业战略，并为企业创造高绩效的重要责任，他们是一群最接近"战场"的先行军，他们的个人能力和工作成果决定了企业的最终绩效，在企业中起着至关重要的作用。

成为新手管理者是一个人从员工到管理者最重要的跨越，也是其职业生涯甚至人生中最重要的里程碑之一。在这个过程中，员工在管理意识和视角上都将经历前所未有的跨级式转变，这也是整个管理序列中最难跨越的一个阶段，因为之后管理层级的跨越都只是程度上的加强，而不再发生质的改变。从领导力教练的视角看，新手管理者需要关注的要点是：工作理念、信念以及对工作的视角和对人的视角方面的转变。

对于一线员工而言，他们作为个人贡献者，主要的工作目标是做好自己的本职工作，完成自己的KPI。通常一线员工升职为新手管理者的主要原因是绩效优秀，他们成为新手管理者后，往往容易进入一个怪圈，那就是他们会变得比以前更加努力，将自己擅长的工作做得更好，还容易为了确保团队的绩效而一个人承担所有 KPI。这些做法不仅让他们自己身心俱疲，还让整个团队的成员都有挫败感。当新手管理者承担的工作量达到极限时，很有可能整个团队的绩效都会崩盘。这些新手管理者失败的原因是，他们忽略了管理者的第一职责其实并不是让自己做得更好，而是花更多时间让团队的整体效能得到提升。

因此，新手管理者要同时关注管理理念的调整以及企业文化体现这两个关键要点。

从微观视角看，新手管理者在任职新的管理岗位后，需要将自己的工作目标从仅仅做好自己的工作，转变为帮助团队成员成长和发展，并完成团队目标。管理者需要为团队设定明确的发展目标，形成工作计划和培养发展计划，并定期进行反馈和激励。这些管理技能是在学校学习时无法获得的，是一种通过实践才能掌握的技能。

从宏观视角看，新手管理者需要关注的另一个转变是，加深对企业文化整体内容和业务战略的理解。以前作为员工，对企业文化的理解是一个被影响的过程，但当员工成为管理者以后，他们就要承担影响他人的责任。管理者需要加深对企业文化的理解，并在自身的行为和语言中有所体现，他们需要以身作则，用行动传递企业文化，从而潜移默化地影响团队成员的行为。

除此之外，专业管理技能的提升也是新手管理者的必修课，他们需要特别关注团队建设和辅导等方面技能的提升，不仅要学会方法，还要能够根据不同的管理场景和管理对象随时调整自己的管理方法。新手管理者在组建自己的团队时非常容易走入的误区是，认为自己喜欢的员工比较容易被带动，并使团队产生高绩效。这种做法有严重不足之处，那就是团队的构成会因为新手管理者的喜好而变得单一，能力短板将会非常明显。因此，新手管理者需要有更清晰的自我认知，了解自身的优势和短板，并知道如何通过团队成员的力量取长补短，要学会超越自己的喜好和情绪，包容和接纳不同类型的员工，理性地思考什么才是对团队最好的选择，这是管理者创造更高绩效的坚实基础。

在企业人才培养体系中，有两个非常重要的培养项目是建议 CEO 亲自参与的：一个项目是新员工入职培训；另一个项目就是新手管理者的第一堂管理课，因为新手管理者是企业发展最坚实的后备力量。在课堂上，CEO 除了传授重要的管理技能外，更关注对企业经营理念和思想的传递，并为企业文化的传递打好坚实的基础，因为再好的企业也不能确保规章制度涵盖了所有业务场景。在实际工作中，对工作尺度和标准的把握，很多还有赖于理念和文化的宣传贯彻。CEO 如果可以在这样的场合直接对话基层管理者，将理念和想法传递到执行层面，减少企业精神和思想的过滤环节，就能更好地确保公司高层的精神和终端落地的一致性，从而更高效地促进企业战略目标落地。

当前，培养和选拔中高层管理者是很多企业培训项目的重点，而很少有企业将培养的重点放在新手管理者身上。企业管理者的一个核心问题就是，很多管理者在新手阶段没有完成角色转换，他们对企业管理理念没有清晰的理解，这些人走到中层和高层时就会难以提升，那时候企业可能会因为他们的管理失误而付出惨重的代价。《关键跨越（新手篇）：从业务高手到优秀主管》这本书融合了北森人才管理研究院十多年来在管理者人才标准构建、评估与发展等方面的研究和积累，能够在企业管理能力提升的知识传递上起到非常重要的作用。书中用科学、体系化的方法论和大量的实践案例，将新手管理者可能遇到的工作挑战描绘得生动而真切，同时也给出了逻辑清晰、切实可行的解决方案，这能够给众多处于迷茫期的新手管理者一个非常清晰的工作指引，帮助他们更快地找到作为一个管理者的职业生涯的新方向！

曹柏瑞

中国大陆首位 MCC 大师级教练

在过往十几年的咨询经历中，我们与企业合作最多的一类项目，就是帮助企业选拔和培养管理人员。在开展这项工作之前，我们通常要先梳理管理人员的人才标准。有趣的是，尽管大家基本公认管理是通用类的工作，在不同行业或性质的企业中管理者做的事都类似，也有大量的研究和实践归纳了对管理人员的要求，但企业往往还是想建立一个自己专属的管理人员标准。

这其中有以下两个原因。

第一，界定清晰的人才标准确实太重要了。我们观察到，管理者遇到的很多问题都是因为对管理角色缺乏足够认知，不知道应该怎么做好一个管理者。只有明确要求，让管理者认识到自身与发展目标存在的差距，才能使他们在正确的方向上努力和成长。

第二，市面上通用的领导力要求，大多像"十全大补汤"，不是没有区分管理层级，就是缺乏发展顺序的指引。管理者想要发展，参照完这样的要求后会发现自己周身都是问题，不知从何入手。管理者需要一个更有针对性且更为聚焦的目标，并且最好有清晰的发展指引。

这也正是我们写作本书的原因。我们每年为 70 多家企业建立不同层级的人才标准，组织 400 多场面向管理人员的人才盘点会。基于这些项目实践和领导力研究，我们总结了不同层级管理者最关键的能力要求，并将其称为"关键跨越"。完成关键跨越，具备了相应能力的管理者，就基本能胜任相应层级的管理工作了。

本书重点介绍的是从"管理自我"到"管理他人"的关键跨越，也是刚开始做管理工作的新手管理者需要具备的关键能力。我们希望本书可以帮助新手管理者：第一，聚焦发展目标；第二，简化发展路径；第三，找到切实可行的工作方法。

在本书的第一部分，你可以初步认识新手管理者的三个关键跨越，以及完成关键跨越的难点，分析自己具备的优势和存在的短板，并了解整体的发展原则和发展策略。

在本书的第二至第四部分，你会了解到三个关键跨越——承担管理责任、推动执行和辅导他人的具体内容，以及相应的发展建议。

在本书的第五部分，你可以了解从"管理自我"一直到"管理企业"的所有关键跨越的全貌，并了解在整个管理职业生涯中你可能会经历的"至暗时刻"，以及会收获的管理馈赠。

我们建议你按照顺序阅读本书，这样你会对新手管理者的角色转型有一个系统的认识。但是，如果你想快速阅读本书，也可以通过章节标题、章后小结和正文中的黑体字，挑选感兴趣的部分重点阅读。

第一部分的最后附有新手管理者关键跨越自评表，你可以根据自己目前的情况给自己打分。另外，第二至第四部分的最后都附有关键跨越的发展计划表，你可以参考书中的发展建议，为自己制订一个切实可行的能力提升计划。

本书为北森人才管理研究院"管理者关键跨越"系列图书的第一本，其中第一、二部分由沈歆执笔，第三部分由王媛华执笔，第四部分由刘虎执笔，第五部分由周丹执笔。本书的出版要感谢机械工业出版社华章公司的编辑张竞余、宋学文、刘新艳，也要感谢王丹君、余婧、李茜提出宝贵的修改建议。

受经验和时间所限，本书难免有疏漏之处，也请各位读者不吝批评指正。

| 第一部分 |

———

新手管理者的关键跨越

| 第 1 章 |

新手管理者会遇到的 9 个管理难题

无论身处哪一行业，管理者在上任之初，可能都会遇到一些相似的问题。管理者只有通过逐步摸索，才能形成自己的管理方法。

新手管理者最有可能遇到哪些问题呢？

新手管理者的 9 个管理难题

从同事变为管理者，接受和适应"管理者"的身份

当你被提拔后，你首先要面对的难题是如何管理过去的同事。无论是你还是他们，接受和适应你作为管理者的身份，都需要一个磨合的过程。

过去的同事里，可能有人对你不服气，或者认为自己更适合做领导。他们会有很多方法与你作对和表达对你的不满，甚至可能直接提出调岗或者离

职。你会尝试努力"征服"这些下属，但在试图管理他们时，你仍会感觉到很大的压力，尤其是当他们比你年长、比你资深，或者有很好的群众基础时，你可能会有些退缩，甚至不敢管理。或者，你会跟他们较劲，希望让这些下属认识到，无论他们接受与否，你都是他们的领导。但不管你选择了"正面刚"还是退让回避，你可能都会因为有人不认可自己，而感到挫败和难受。

即便是管理原本与自己关系很好的同事也会遇到挑战，这时你会苦恼于如何在必要的时候端起"领导"的架子。你既不想跟大家的关系变得生分，也不希望他们真的不把你当领导。但当他们真的不再像过去一样，中午吃饭的时候不再邀请你了，还有了一些把你排除在外的聊天群，或者休假出游会特意瞒着你时，你又会感到非常失落。

从同事变为管理者，无论是面对原本喜欢你的同事还是讨厌你的同事，当你在管理他们感到无所适从、拿捏不好分寸时，都意味着你还没适应"管理者"的角色，这也是你刚做管理者时要面对的第一个管理难题。

空降到团队做管理者，被团队接纳和认可

与团队破冰是空降管理者首先要面临的难题，因为团队时刻都在审视和判断你是否有资格做他们的领导。你不仅要设法给团队留下良好的第一印象，还要表明你的态度，让团队了解你将给他们带来什么，以及你将如何管理大家。此时，你其实还没弄明白应该如何管理，根本没有什么想法。

即便有了良好的开端，给团队留下了很好的第一印象，你也需要在工作中用实力证明自己，兑现你对团队的承诺。你与下属的谈话、开会、安排工作、处理问题等任一行动都像是在考试，直到你完全征服团队为止。

一开始你很可能会因为与其他人言行习惯不同而显得格格不入，如果这时你还比较强势，只是一味地让团队来适应自己，而很少去了解团队，就很容易引起团队的反感。这也意味着，你需要投入更多的心力和时间与团队磨

合。这是你要面对的第二个管理难题。

给团队成员分配合理的任务，提出合理的要求

管理者要求过高，会让整个团队充满挫败感；管理者很平和，又会让员工过于舒适，得不到发展。

合理的标准是：常规工作，员工基本能百分之百完成；富有挑战性的工作，员工大约有七成把握能完成，或者大约有七成员工能百分之百达成目标，剩下三成员工能超越目标或无法达成目标。

对于新手管理者而言，困难的是如何正确判断和掌握"合理"的程度。你一开始只能基于自己的经验去判断，但这样你很快就会发现你的情况对员工不适用。你通常会在栽了一些跟头后才认识到：你完成一份报告大概用2小时，一些员工却可能需要3天；在遇到客户方面的挑战时，你会被激发出斗志去努力征服客户，一些员工却可能会备受打击而想要逃避。同时，员工的状态与能力是在变化和发展的，给员工安排之前有过类似经验的任务，他们仍然可能会完成得不好，而让员工去做没有太多经验的工作，他们需要经过多少锻炼才能胜任，就更难判断了。

了解每一个下属，并结合他们不同的情况安排不同的工作，不是件容易的事，这是你要面对的第三个管理难题。

让员工承担更多或更有挑战性的工作，付出额外的努力

当任务繁忙或存在挑战的时候，把任务分配下去，对于新手管理者是一个挑战。如果团队已经在加班加点，或者团队里有人休假，人手不够，此时让你多给团队布置一项任务，你可能都会感到自己是在为难下属，担心额外的任务会成为压垮员工的最后一根稻草。尤其是当员工表现得很不情愿时，即使勉强把任务分配了下去，你可能也会不好意思对下属提要求，或者把任

务要求交代得很含糊。还有的时候，你可能干脆就选择自己干，而不想让团队"雪上加霜"。

如果你不考虑员工的感受，你固然可以毫无心理负担地把任务分配给员工，但你未必能让员工从内心真正接受任务。有的下属会跟你讨价还价，讲述现实的各种困难，需要你提供各种资源的支持，甚至最后又把皮球踢回给你；有的下属会消极抵抗，表面上不置可否，却迟迟不行动或简单敷衍了事；还有的下属则真的会因为这一两项困难任务而被"压垮"，不仅不能完成任务，还会因受挫而选择逃避或放弃。

怎么把任务分配下去，还要让下属愿意接受并做好工作，这是新手管理者要面对的第四个管理难题。

让员工理解和认同管理者的要求，真正承担起责任

员工不是机器，他们有自己的想法、习惯和偏好。作为新手管理者，你会发现让员工"听话"是个难点。很可能在你下令之前，有人就已经开始行动了，但同时也有人迟迟没有反应。更多时候，下属的行动会与你原本的想法南辕北辙，或者即使大方向一致，但细节和结果总不尽如人意。因此，你会感到自己需要把每一个细节都沟通到位，并在员工执行时盯紧每一个环节，一旦有一点没有注意到，就有可能偏离轨道，出现问题。

管理者的这种状况，很像一些驾校的教练指挥学员开车。大部分时候，教练对路况和车的行驶状况有全局的了解和正确的判断，但初学者则可能只注意到眼前的路和自己的操作。这时教练即使给学员一个简单的指令，学员也常常反应不过来，或者动作做不到位。很多时候，教练只告诉学员"看到那条白线就把方向盘打到底"，但不告诉学员为什么这么做。这种只让学员按照指令行动的方式，尤其会让人无所适从。

要想让员工按照要求执行，并执行到位，你就不能像驾校教练那样只给

指令。你需要做的是，让员工真正理解你的要求，并调动他们的主观能动性，这是你要面对的第五个管理难题。

处理团队搞不定的问题和突发状况

团队遇到的问题通常会汇总给管理者，尤其是非常规的和团队搞不定的难题。管理者往往是一个团队的信息节点，组织自上而下的信息以及员工自下而上的信息都需要经由管理者传达。团队遇到的很多问题都需要汇报给管理者，由管理者决策，然后团队再采取行动。

作为团队的管理者，你面对的问题大致有以下三类。一是咨询类问题，例如"什么问题应该找谁""过去有没有类似的案例或项目"，等等。尤其是一些体系还不完备的企业，通常将管理者或企业里的老员工作为团队的"百事通"。二是决策类问题，好一点的状况，员工会把现状、分析和建议摆出来，让管理者拿主意，但还有很多时候，员工只把问题抛出来，询问管理者该怎么办。三是资源类问题，需要管理者向公司或其他部门争取和协调资源。三类问题归纳起来，其实都是员工遇到了自己无法解决的问题，不知道该怎么办，向管理者寻求帮助。

新手管理者很容易被各式各样的问题压垮，如何做到既帮助团队切实解决问题，又不让自己陷于团队的问题之中，是你要面对的第六个管理难题。

及时掌握团队的任务执行情况，提前干预

管理者很容易被团队问题裹挟，四处救火，疲于应付，不能事先掌握团队的执行情况，总是在接收"最后一分钟的惊喜"。当管理者了解到问题时，形势往往已经很急迫了，管理者只得全力应对眼前的问题，无暇他顾，以致陷在接连不断的问题中而难以脱身。

作为新手管理者，你一开始可能不知道怎样去跟进团队的执行情况。你可能会发现，虽然你一直在跟团队开会，也在用日报、周报了解员工的工作情况，但当有问题发生时，你仍然"后知后觉"。你以为员工不报告问题，就代表一切事情在正常推进，但事实可能未必如此。下属也并非有意隐瞒，很多时候他们只是没意识到问题的严重性，或者以为自己有能力解决。你可以更主动去了解或盯得更紧一些，但这样又会让下属感到不被信任和受到约束。你可能还会发现，你盯得越紧，越想要控制，情况反而越容易失控。因为你总有顾不过来的时候，而且团队习惯了被你监督，你不强调和提醒的地方，大家也就不会注意和重视。

考验你的是，怎么跟进团队的执行情况，并对问题有一定的预判和事先的准备。这是你要面对的第七个管理难题。

用恰当的方式给予员工反馈

给员工反馈有很多种形式，一种是像绩效反馈这种比较正式的，有固定的时间、规则和流程；还有一种是非常日常的，就是管理者对员工的任一工作都做出评价和提出意见。

作为新手管理者，你一开始可能不会有意识地主动给予员工反馈。在我们访谈过的管理者中，有不少人都是等到绩效考核时才给予员工反馈，或者把这一工作看成公司的行政性要求，像提交报告一样当作例行公事去完成，只为向人力资源部或上级交差。也有一些管理者只跟员工谈论工作中的事情，虽然对员工的表现都看在眼里，也有很多想法，但很少发表意见。这样员工在收到绩效评估的结果时，通常会感到意外和难以接受，甚至有的员工是在自己无法转正或晋升的时候，才知道管理者对自己不满意，导致发生冲突甚至劳动纠纷。

更多的时候，新手管理者的困扰是不知道应该如何反馈。你可能会顾虑

"对方比我资深，不好批评""下属情绪反应太强烈"等类似的问题，你还会担心伤害到下属的自尊心，也不知如何应付紧张、冲突的场面。因此，你可能会以避重就轻的方式去沟通，以期尽量降低伤害，但这样下属可能会完全认识不到问题。或者，你可能不在乎员工的想法和反应，只希望说服员工承认问题，却激起了员工的防御反应，反馈沟通变成了一场攻防辩论，你越想让员工认识到自己的问题，员工就越极力辩护和反驳。

批评人很难把握分寸，表扬人好像也不简单。对于平时偏严肃和内向的你而言，可能会感到夸不出口。类似"谢谢""辛苦了""棒棒哒"这样的职场社交"塑料"三连，也不会起到多少表扬的效果。怎么夸人不尴尬，且夸到位，真正让下属感到被肯定和激励，也是个难题。

正确地进行表扬和批评，促进员工采取积极的行动并不断进步，是你要面对的第八个管理难题。

根据员工的不同情况，因材施教

在一开始指导下属时，你就会发现教会别人远比自己做难。你可能会因此而丧失了耐心和风度，教导方式变得严厉和粗暴，给下属带来很多压力，让其有挫败感。你也可能会在指导几次之后发觉没效果，于是干脆把活儿接过来自己干。更让你受挫的是，你发现很多在你看来是明摆着的道理，下属却难以理解。一些对你而言非常奏效的方法，下属学起来却走了样。更糟心的是，很多员工并不能理解你的苦心。你给了他们那么多资源和机会，但他们自己不想发展，不愿付出任何努力。经过一些努力和尝试后，你甚至可能会觉得"培养员工"不是件划算的事情，干脆选择放弃。

作为新手管理者，把注意力从"事"转移到"人"上，了解每一个下属，有能力或有方法对他们进行有针对性的辅导，是非常大的考验和修炼，也是你要面对的第九个管理难题。

通过管理历练，完成管理跨越

新手管理者面对的这些难题，相当于你的管理成长任务。就像个人成长要逐渐学习走路、说话、思考、与同伴相处和建立亲密关系等，管理者在不同阶段也要完成相应的任务。每个任务都对应不同的挑战，你会从中学习到不同的东西，并锻炼出相应的能力。或者反过来说，当你具备了一些相应的能力时，你就能很好地应对这些挑战，处理好这些管理难题。

学习成长就是一个螺旋式上升的过程，你通过解决这些管理难题发展出管理能力，也因为具备了能力而能更好地解决这些管理难题，如此循环往复，不断成长。

但让新手管理者感到困惑的是，自己似乎有太多的问题需要解决，而且可能远不止我们一开始列出来的这九个管理难题。这让你备感焦虑，不知从何入手。对此，我们归纳出了新手管理者的三个成长任务，并将管理者对应需要发展的能力称为关键跨越，希望能帮你聚焦问题，梳理清楚发展的要点和路径。

我们认为，成功完成这三个成长任务，完成管理跨越，新手管理者就基本完成了管理角色的转变，能够胜任团队管理者的工作。这三个成长任务和对应的关键跨越是：

第一，获得团队的认可和信任。你会发现，在我们前面提到的九个管理难题中，无论是同事变下属，还是空降到团队，要解决的根本问题都是让团队打从心底里接受你的领导。在分配任务并对团队提要求，或者让下属接受具有挑战性的工作时，如果你与团队间有信任基础，任务就能比较容易地分配下去。即使是在给予下属反馈、指导下属时，也只有当下属相信你有能力指导他们时，他们才会采纳你的建议。

获得团队的认可和信任，是管理者管理团队、开展管理工作的基础。尽管我们列举了管理者需要面对的九个管理难题，但本质上首先要解决的问题就一个：建立信任。信任并不因为你拥有管理职权就天然存在，你得表现得像是一个管理者，符合团队对管理者的期待，做到"承担管理责任"。

承担管理责任，是你在努力获得团队信任的过程中发展出的能力。你也会因为具备这一能力，而更能得到团队的认可和信任。你必须能够肩负起管理者的责任，行为举止符合团队对管理者的普遍认知，下属才能认同你是管理者。这是新手管理者需要完成的**第一个关键跨越，**包括你得在关键时刻冲在前面，对下属提出要求的同时以身作则，能为团队做决定并对结果负责，以及能更多地考虑团队而非自己等。我们将在第二部分详细阐述这一内容。

第二，让团队稳定可靠地交付工作成果。在前面的九个管理难题中，合理分配任务和提要求、让员工接受额外的任务和挑战、让员工认同工作要求并承担责任、解决问题和突发状况、跟进执行过程和提前干预，这五个问题其实都围绕一个目标，那就是让团队稳定可靠地交付工作成果。

让团队能一直稳定地达成目标，是管理工作最本质的目的。没有结果，一切管理工作和努力都等于零。同时，管理者不能代替团队执行，得通过制定目标和计划、分配任务、组织资源、跟进过程、检验结果等一系列管理动作实现目标，做到"推动执行"。

推动执行是新手管理者需要完成的**第二个关键跨越**。你需要学习成长的是：首先，对要达成的目标和所做的事有清晰的认识与判断；其次，掌握每个下属的能力水平和工作状态，了解每个人能胜任的工作并判断可以挑战的目标与任务；最后，更重要的是，让下属完全地认同自己的目标和负责的工作，同时，还要在不完全参与下属工作的前提下，实时掌握下属执行的情况，并在偏离目标或出现问题时，适时地干预或提供必要的支持，让下属能按预期目标完成工作。这部分内容我们将在第三部分详细阐述。

第三，帮助团队改进和提升。在前面所述的九个管理难题中，给予员工正确反馈和因材施教与此相关。如果说完成公司的任务目标是管理者的职责，那么帮助团队改进和提升就是管理者的使命和价值。

达成工作目标是管理者在做员工时就擅长的事情。当管理者退到团队身后，要通过推动团队去达成目标时，很多时候会因为聚光灯不再打在自己身上而感到失落。这时管理者需要找到新的价值和意义，帮助团队成长就是其中之一。

通过提升团队的能力来提高团队的绩效，是管理者达成目标的一个更高级的方式。因为并非每个下属都是熟手，所以管理者总是有很大概率要管理职场新人。另外，也并非每个下属都能一直顺畅地完成所有工作，总有需要管理者干预和指导的时候，更何况工作要求会不断提高，员工或多或少都需要随之发展。只有让团队成长，才能确保稳定持续地达成工作目标。

对于一线的管理者而言，要帮助员工改进和提升，最基础和最常用的方式就是"辅导"。因此，**辅导他人**是新手管理者要完成的**第三个关键跨越**。管理者在工作中教，员工在工作中学，通常是能最快见效的方式。通过辅导提升下属的能力，不仅能使团队持续发展，还决定了管理者未来能走多远。我们将在第四部分详细阐述"辅导他人"的相关内容。

| 小　结 |

1. 新手管理者最可能遇到的 9 个管理难题分别是：

- 从同事变为管理者，接受和适应"管理者"的身份。
- 空降到团队做管理者，被团队接纳和认可。
- 给团队成员分配合理的任务，提出合理的要求。
- 让员工承担更多或更有挑战性的工作，付出额外的努力。
- 让员工理解和认同管理者的要求，真正承担起责任。
- 处理团队搞不定的问题和突发状况。

- 及时掌握团队的任务执行情况，提前干预。
- 用恰当的方式给予员工反馈。
- 根据员工的不同情况，因材施教。

2. 新手管理者有三个核心成长任务，需要完成三个关键跨越：

- 获得团队的认可和信任，完成"承担管理责任"的跨越。
- 让团队稳定可靠地交付工作成果，完成"推动执行"的跨越。
- 帮助团队改进和提升，完成"辅导他人"的跨越。

| 第 2 章 |

新手管理者为何难以完成管理跨越

完成新手管理者的三项管理跨越，也基本标志着管理者已经完全胜任了一线管理者的工作。但很多新手管理者未必能成功完成跨越。在长期追踪企业的高潜项目中，我们常常发现作为管理后备的高潜员工，有近一半的人在正式踏入管理岗位后失败了。原本表现优异的员工被提拔为管理者后却未必能成功，管理学家劳伦斯·彼得把企业中普遍存在的这一现象总结为彼得原理[⊖]，提出"员工在企业中会被不断提升到他不能胜任的职位为止"。

从一般员工到团队管理者，不能成功跨越的障碍是什么？管理者要如何摆脱彼得原理？

⊖　金圣荣.彼得原理：方法、实务、案例 [M].南昌：百花洲文艺出版社，2014.

成功跨越的障碍

　　没能完成跨越的管理者常有的状态是，仍然把很多具体的事情抓在自己手里，陷于业务而腾不出时间和精力去规划、思考或培养团队。因为团队成长缓慢，管理者不得不为团队补位，导致管理者一直处于一种频繁救火、忙得精疲力竭的状态，从而更加腾不出精力来培养团队，最终陷入一种恶性循环。

　　我们在对 3964 名企业 HR 和管理者进行九项领导力调研时发现，对于"承担管理责任"，虽然 HR 和管理者认为不需要对一线管理者特别要求，却是一线管理者表现第二好的能力。"推动执行"是重视程度排名第五，实际表现排名第三的能力。"辅导他人"则是企业最不重视，同时一线管理者也表现得很差的能力（见图 2-1）。

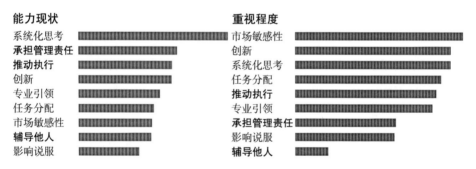

图 2-1　基层能力现状及重视程度对比

　　我们认为，基层管理者"承担管理责任"这项能力不那么被重视，是因为在岗的一线管理者大部分已经过了这关，基本能做到"承担管理责任"，否则他们也无法继续在管理岗位上待下去。

　　对于"推动执行"而言，这项能力与绩效结果直接相关。企业的 HR 和管理者在评价一线管理者的"推动执行"能力时，通常会参考他们最终的绩效结果。对于已经在一线管理岗位上稳定工作的管理者而言，绝大部分人应该都能达成绩效目标，这也是"推动执行"这项能力获得了更好评价的原因。这时企业的 HR 和管理者通常会更关注"创新""市场敏感性"等目前表现得不太好，但对业绩有重要影响的能力，而对普遍表现不错的"推动执行"则只有中等程度的重视。

这一结果其实也反映了一线管理者在企业中的处境。我们通过与大量一线管理者接触了解到，企业中很多业绩结果还不错的一线管理者，其实很多时候是把自己变成一个超级员工，四处为员工补位和救火，并不是因为其在"推动执行"上能力出众。但好的结果往往会掩盖问题，企业中有大量的一线管理者感到自己累得脚不沾地，很多时候就是因为不懂推动执行，一线管理者一直自己执行。对于"怎么让一线管理者学会推动执行，不再被事情推着走，找回自己的节奏"这些问题，企业对一线管理者的关心和支持程度是不够的。更高一层的管理者往往只看到一线管理者还有效率提升的空间，或是在一线管理者扩大职责忙不过来时，才认识到问题。但大部分时候，一线管理者只被上级更高的要求驱动，要"创新"和提高"市场敏感性"，但其实他们可能连"推动执行"都没做好。

最有趣的是"辅导他人"，这是企业的 HR 和管理者重视度最低且一线管理者表现很差的能力。这可能也恰恰反映了企业的真实现状，在管理者的众多管理事项中，"辅导他人"常常是那个重要但不紧急的事情。虽然所有企业都声称自己重视员工的培养和发展，但与"创新""市场敏感性""推动执行"等与业绩结果直接相关，且短期投入就能看到成效的能力相比，还是只会被排到更低的优先级。

这种局面会进入一种恶性循环。管理者忙于业务，没有时间辅导下属，团队成长不起来，管理者就会陷在业务里，更腾不出空来辅导下属，这几乎已经成为企业中的一个普遍现象。我们遇到的大量中层管理者，甚至高层管理者，也不会辅导员工。如果追根溯源，起点就是一线管理者。因为如果在做一线管理还只是带几个员工时，管理者就没能好好锻炼和发展这一能力，当带领更大的团队时，就更不可能有办法让更大的团队获得能力提升。如果这一工作一直排在优先级的最末尾，管理者永远也不会有机会发展出辅导他人的能力。如此看来，"辅导他人"可能会比其他两个关键跨越更难突破。

除了企业环境带来的这些压力，对于管理者个人而言，完成管理跨越的困难还有以下这些个人需要完成的转变。

从关注"事"到关注"人"

我们在一项名为"寻找未来领导人"的研究中，对多个行业的 455 家企业的 30 148 名员工的领导力特质评估结果做了分析，发现领导潜力会随着管理层级而递增，但唯独在"人际通达"这个维度上，个人贡献者、一线管理者和部门经理几乎没有差异，但横向比较又都比"跨界思考"的表现更好。这意味着，从基层管理者开始，就对管理者在沟通和人际方面有较高的要求，需要管理者达到一定的水平，并且只要达到一定水平，管理者在成长到 L3 部门经理之前，就基本能应对所有沟通和人际方面的问题（见图 2-2）。

从管理学的研究来看，一线管理者也需要在与人相关的工作上投注最多精力。

管理学家亨利·法约尔早在 20 世纪初就归纳出了管理的几个基本职能，如今被广泛理解为计划、组织、领导、控制[⊖]。其中"领导"职能最能体现出以人为工作对象的特点，而这也是一线管理者需要分配最多时间的工作（见图 2-3）。

⊖　罗宾斯，库尔特.管理学（原书第 13 版）[M].刘刚，等译.北京：中国人民大学出版社，
2013.

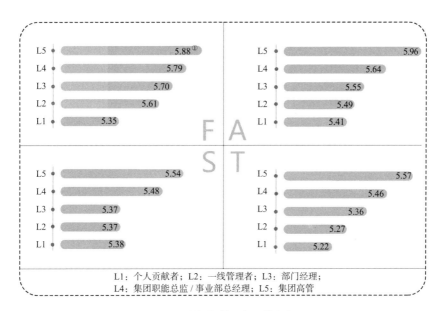

图 2-2　不同层级管理者的潜力表现

注：F——fulfilling aspiration，践行抱负；A——agile learning，敏锐学习；S——social influence，
　　人际通达；T——thinking beyond boundary，跨界思考。

①图中的数据为潜力评分。

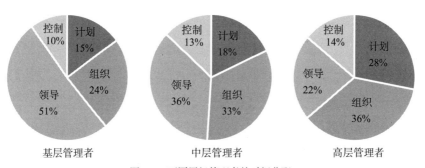

图 2-3　不同层级管理者的时间分配

资料来源：Mahoney T A, Jerdee T H, Carroll S J. The Jobs of Management[J]. Industrial
　　　　　Relations, 1965, 4(2).

　　计划：制定战略以达成目标，以及制订计划和协调活动的过程。

　　组织：决定应该从事哪些任务，应该由谁来从事这些任务，这些任务怎么分类和归集，谁向谁报告，以及在哪一级做出决策的过程。

领导：同别人一起或者通过别人去完成组织目标。管理者激励下属，影响工作中的个体或团队，选择最有效的沟通渠道，或者以任何方式处理员工的行为问题，都是在履行领导职能。

控制：监控、评估工作绩效，将之与预定的目标进行比较，如果存在任何显著的偏差，要使工作绩效回到正常的轨道上，保证按照预定的计划完成。

但从我们2017年对1万多名管理者进行测评获得的数据可以看到，"领导"虽然是管理者投入了最多时间的工作，却是他们最不擅长的部分（见表2-1）。

表2-1   管理者在四大职能上的测评数据

职能	平均数	25分位	50分位	75分位
计划	5.85	4.10	5.83	7.63
组织	5.67	3.97	5.67	7.40
领导	5.60	3.78	5.52	7.36
控制	5.77	3.87	5.80	7.73

从管理自己到管理团队，其实你的工作对象已经从"事"变到了"人"。这对你原有的工作习惯是很大的挑战。

一方面，有的管理者是事务导向的，偏向理性，看重事实、逻辑和结果，不关注人；或者比较内向，喜欢独处，会避免与人过多交流和互动。因此，要求这些管理者投入更多精力在下属和团队上，本身就是在要求他们跨出舒适区，对他们来说非常有挑战性。这也是我们建议企业在选择管理者的后备人才时，把"人际通达"作为其中一个潜力标准的原因。

另一方面，"人"的不确定性和复杂性比"事"更高，干预和影响的方式也不一样。管理者常会发现，在自己看来理所应当的事，员工却未必能完全理解和认可，更未必会按照管理者期望的去做。因为每个人都有自己的独立意志，有各自的兴趣、喜好、需求、个性和能力。过去你只要自己理解即可，但要调动起团队则需要让每个员工都理解。过去你只要自己去做，能完成任务即可，但带领团队则需要把方法教给员工，指导员工去完成，而且还不能单纯要求员工仿照你的做法，因为每个员工的特点和能力水平不一，照着做也很容易会走样。理解每一个下属，并且成功地影响他们，远比自己完成一件事困难。

但管理者不能在与人的沟通和人际交往上有太大的短板。做管理工作越久，你越会发现管理的日常就是沟通。如果你认为自己更愿意"做事"，不善于与人交往，那你从现在开始就得做好准备，在人际互动和影响上做出突破。

从"优势"变成"陷阱"

管理者过去作为优秀员工所具备的能力，既是管理者的优势，也是其未来发展道路上的陷阱。

大部分管理者在被提拔之前，通常都绩效出众，在"执行力"和"专业"上具备一定优势。一方面，做管理需要依赖这些优势。因为指导团队不是逐一告诉下属每个步骤具体要做什么，而是要在方向和策略上给予团队指引，一针见血地点出关键问题、预判风险和给出相应的指导。这都要求你对业务有精准的判断，以及高于团队眼光的洞察。如果你对业务的理解不够，管理团队就是"无本之木，无源之水"，也无法落于实际和产生效果。

另一方面，如果过于依赖自己的专业力和执行力，沿用自己最擅长的方式解决问题，一直做自己最擅长的事，又会制约你的发展。因为如果你分不出时间和精力去尝试不擅长的事，也就永远学不会用新的方法解决问题。我们经常会看到一些管理者习惯自己上手做事，或者手把手地指导员工每一步应该怎么做，这时他们通常会有很多理由，例如时间紧迫、任务重要，等不及下属反复修改，承担不起事情做不完或结果不理想的后果，等等。但如果管理者一直以这种方式工作，会很容易发展为团队的"保姆"，团队的大小事都需要过问和经手，并不得不亲自处理所有复杂和困难的事。但管理者的精力和时间有限，如果只依靠管理者的个人专业力和执行力，即使你能把自己变成一个精力无限的"工作狂"型管理者，最终也是难以兼顾和持续的。

必须承认的是，时间紧迫或任务具有挑战性其实都是管理者的借口。一直用自己擅长的方式解决问题，一是因为人都有思维惰性，二是因为人都喜欢做自己擅长的事。

"沟通浪费时间""有那个时间教员工，我自己两三下就做好了"是管理者经常会有的想法。获得诺贝尔奖的心理学家丹尼尔·卡尼曼在《思考，快与慢》[⊖]中提到，人的大脑天生就爱偷懒，用最节约能耗的方式去达成目标，也是人类的进化优势。因此，选择自己可以拿来即用的最便捷方式去达成目标，可以说是人类的天性，也是人的固有惰性。但凡靠发挥自己的专业力和执行力还能奏效，人们就不会轻易去冒险尝试别的方法。

另外一个原因是管理者会沉迷于做自己擅长的事情，因为从中能获得快乐和自信。对于自身专业或业务能力出众的管理者而言，更多的时候是忍不住要插手。很多销售人员在踏上管理岗位之后，会因为找不到类似"拿下大客户或签订超大单"的兴奋点，而在很长一段时间内感到失落和迷茫。技术管理者也是如此，因此会在自己原本擅长的领域投入更多心力，干预很多技术细节，过多加入自己的想法，或是干脆自己亲自负责。但忙于做自己擅长的事，会让管理者忽略团队管理真正应该做的事。这时管理者常常会成为完成团队任务的主力，而下属则像是做辅助工作的助理。这种工作模式一旦形成，团队对管理者就会形成依赖，这迫使管理者一直这样做事，在这种情况下，管理者就更没有余地和空间去学习和尝试别的事情了。

摆脱能力陷阱，不只做自己擅长的事，是需要刻意努力的事情。有的管

⊖　卡尼曼. 思考，快与慢 [M]. 胡晓姣，李爱民，何梦莹，译. 北京：中信出版社，2012.

理者在尝试发展新的工作模式时，一旦碰到困难或感觉效果不好，就退回到过去习惯的模式。发展新能力时会有一段"黎明前的黑暗期"，此时可能会看不到什么效果，甚至比之前更糟，只有一直坚持挺过去，才会看到黎明的曙光，成功发展出新的能力（见图 2-4）。

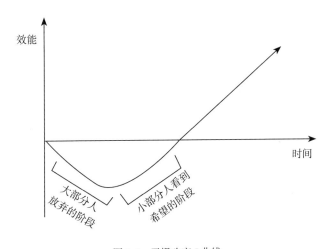

图 2-4　习惯改变 J 曲线

从一般员工到团队管理者，并不是一个可以自然过渡的过程。你需要克服惰性和偏好，改变自己的习惯，不去做自己擅长的事情，去探索和学习建立新的成功路径。这是一个需要刻意努力的过程，是你在上任管理岗位之后需要做好的准备。

从"短期"到"长期"

管理工作与自己做事的另一个差别在于，管理工作的成效大多不是即时兑现的，越有价值的事情，需要等待的时间越长。管理者制定的目标和计划是否正确，很多时候需要一整年的时间才见分晓。管理者在培养下属上的投入，有时甚至需要 2～3 年才能看到突破性的变化。但如果管理者帮下属完成一次商务谈判，或者解决一个技术问题，则可能一周之内或者当场就能获知结果。

相比自己做事，管理的很多事情都需要投入一些时间才能见效。过去你自己做事时，你清楚事情的来龙去脉，脑海里大致有一个思路或者没有思路，就可以采取行动。但在让团队做事时，你得向很多人介绍背景信息，说明目标和要求，并再三澄清和解释，确保大家理解一致且到位。同时你还得事先形成清晰的思路，才能在向团队说明时，让人易于理解并能够认同。仅仅"向他人说清楚要做什么"这件事，就已经比"自己拿到任务就展开行动"多出很多环节，需要投入不少时间。辅导下属就是一个更长期的事情了，需要给下属时间去练习、试错和调整，也得持续追踪和辅导。有的时候还需要等待实战机会，让下属能够得到历练，并有一定的积累，才可能看到变化。

但如果你认为"短平快"和"立竿见影"才是唯一追求，那可能就会有另一种选择。为了快速高效地达成目标，就应该一直让每个人做自己最熟练的工作，让能力最强、经验最丰富的人做更多的工作。短期来看，这样确实更高效和安全，但对于团队却是一个消耗模式。因为一旦员工已经胜任一项工作，就需要有新的尝试和输入，如果一直重复，很快就会有倦怠感。能力最强的那些员工，则会出现能者过劳的情况。这时整个团队的工作满意度和工作效率都会下降，并开始有人员流失。如果业务节奏比较快，这类团队通常会有常年居高不下的流失率。员工平均工作 2 ～ 3 年以后就会开始"感到身体被掏空"，没有新的输入，也看不到太多发展的希望。反之，如果业务节奏比较慢，团队则会逐渐呈现出一种"养老"和"混日子"的状态。因为投入一半甚至 1/3 的精力就能完成工作，又没有其他发展的机会，还选择继续留下来的员工，追求的也就是这种安逸的状态。

如果下属表现差强人意，对于管理者而言，更快的选择就是换人。这也是一些管理者青睐于招聘"拿来即用"的人，而不愿培养员工的原因。但这样做，虽然短期内能达成业绩目标，但是流失率会居高不下，人力成本会不断升高，以及缺乏支撑业务持续发展的人才后备和梯队。

　　在当今快节奏的环境里，长期投入和慢慢等待似乎成了一种奢侈品。管理者总是迫于各种现实压力，而做出很多只看短期收益的无奈选择，但这不能是你的唯一选择。作为管理者，你得做一些长线投入的事情，学会忍耐和延迟满足，让"子弹飞一会儿"。首先，无论是事还是人，都要经历酝酿、发酵、成熟的客观阶段。即使只是提出一个新要求，在你向员工说明后，员工自己还需要经历理解、消化、认同的过程，才会采取相应的行动。认为员工应该一说就懂，懂了就做，是管理者不合理的期待。越是复杂重要的事，越是如此。如果急于一时和等不及，你就很容易退回到员工的状态去解决问题，自己做事或者一直做自己熟悉的事、确定的事。

　　其次，管理工作的价值并非解决眼前的问题，而是能解决未来可能面对的问题。相比谈下一个客户、攻关一个技术难题、招聘一个员工，对于管理者而言，建立一套工作的方法论，培养和提升整个团队的能力，才是对团队有更深远影响的工作。即使管理者离开这个团队，这种影响仍会继续奏效。

　　另外，如果你一直只关心眼前最紧急的事情，就会形成被动响应的工作模式。最终原本重要不紧急的事情，也都会被拖成紧急的事情，使自己完全丧失自己的工作节奏，疲于应付各种工作，结果还未必能令人满意。

　　只有学会拉长时间维度去考虑投入与收益，不急于一时得失，能够延迟满足和分阶段满足，才能让你走得更远，也是你想要完成管理跨越所需做出的转变。

克服障碍：保持"空杯心态"

　　从一般员工到管理团队，是对你过往心智模式和工作习惯的挑战。要成功完成管理跨越，你首先要清空自己的"杯子"，放下过去作为一般员工时的观念和习惯。这样你才有空间装下新东西，学会从管理者的角度看问题和完成工作。你可以尝试以下几种方法。

第一，警惕"我过去这样成功过"的想法。你会因此而盲目自信，觉得自己认为的才是正确的，并可以再次成功。著名的高管教练马歇尔·戈德史密斯曾经做过一个调查，请 5000 名成功的专业人士评价自己，结果大部分人都觉得自己比别人强出很多，甚至有 80% ~ 85% 的人认为自己是前 20% 最优秀的人。[⊖]过往的成功经验会使你自信心爆棚，所以你在非常自信时反而需要有所警惕。你可以把"我过去这样成功过"当作一个警惕标识，一旦脑子里蹦出类似的想法，就应该重新检视一下自己坚持的意见和打算采取的行动，看看是更接近自己过往的习惯，还是更像一个管理者的行为。

第二，给自己梳理出一个反向待办事项清单（not to do list），列出一些过去自己非常擅长做但作为管理者应该减少做的事，例如钻研技术细节、攻克灯塔客户、修改文法和标点错误，开会研讨时主要发言等。同时建立一个待办事项清单（to do list），把作为管理者应该采取的行动列出来，例如组织下属进行头脑风暴，帮下属进行客户拜访演练，指导下属修改报告等。给自己定一个分阶段的指标和计划，例如每月做几次反向待办事项清单上的事，同时做几次待办事项清单上的事。逐渐提高指标，直到自己 70% 以上的时间都在做待办事项清单上的事为止。

| 小　结 |

1. 我们在对 3964 名企业 HR 和管理者进行九项领导力调研时发现，当前在任的一线管理者在"承担管理责任"和"推动执行"方面表现良

⊖　Goldsmith Marshall, Reiter Mark. What Got You Here Won't Get You There: How Successful People Become Even More Successful[M]. Rev ed. Vaudeville: Hachette Books, 2007.

好，但在"辅导他人"方面表现很差，同时这也是相对最不受企业重视的能力。

2. 管理者难以完成管理跨越的原因主要有以下三个。

- 从关注"事"到关注"人"，管理工作需要把工作对象和重心从"事"转移到"人"，这会挑战一部分管理者的工作习惯。

- 从"短期"到"长期"，管理工作相对需要更长时间的投入才能看到成效，一部分管理者会等不及。

- 从"优势"变成"陷阱"，管理者习惯用过去自己习惯和擅长的方式解决问题，也更喜欢做自己擅长的事情。

3. 要成功完成管理跨越，新手管理者需要做好的心态准备是保持"空杯心态"。对"我过去这样成功过"的想法保持警惕。列出一个反向待办事项清单，训练自己少做和不做过去自己擅长的事。

| 第 3 章 |

成功跨越：在行动中改变

对于能力发展和个人成长，人们经常会有一些疑问和争议，我们在这里讨论一下。希望借此澄清一些观点，避免你在进行管理发展时自我设限。

第一，具备某些优势，是否会更适合做管理？

这个答案是肯定的，我们通常将之称为管理潜力，并且我们认为，具备管理潜力的人会有更大可能在管理岗位上获得成功。基于我们在 2016 年进行的名为"寻找未来领导人"的实证研究，我们认为管理潜力包括践行抱负、敏锐学习、人际通达和跨界思考（见图 3-1）。

践行抱负跟个人的意愿有关，这决定了一个人的能量水平。管理者个人有能量，才能影响和带动更多的人。一个人的能量来源是多样的，一些源于对高成就的追求，一些源于极高的责任心，还有一些源于想要领导他人。期望成为管理者的人，在践行抱负上至少需要中等以上的能量水平，并且管理职责的重要性越高、影响范畴越大，需要的能量值越高。

图 3-1 北森未来领导人 A-FAST 评估模型

敏锐学习既包括学习心态，也包括学习能力。有学习态度和懂得如何学习的人，在任何新岗位上都能更快适应和成长，在完成管理跨越时更是如此。前面我们分析过，完成管理跨越的困难，主要就在于管理者得摆脱过去的认知模式和工作习惯。因此，开放度更高、成长意愿更强和善于学习的人，必然能更快做出改变，适应新角色。

人际通达是与人打交道方面的个人特质。前面我们也分析过，做管理得将工作重心和工作对象从"事"转移到"人"，这考验的是管理者对他人的关注度和影响力。因此，在人际方面具备优势的人，在做管理工作时也相对有更高的准备度。

跨界思考显然是与思维相关的特质。因为管理者在发挥管理作用时，更多时候不是直接告诉员工怎么做，而是通过安排人员、调动资源和指导员工去达成目标，这需要管理者能分析清楚问题，看到趋势，并全面规划和统筹。因此，能够抽象问题、洞察问题的本质，并从多角度、更大的广度和前瞻角度看问题的人，也会有更高的管理准备度。

以上四项管理潜力都可成为你的发展支撑点。如果你有很高的能量水平，比如有强烈的成就动机，你就更可能去挑战团队力争上游，并在受挫时依然保持斗志，从而鼓舞团队。如果你有很高的学习敏锐度，你则可以影响团队也具备开放度和建立良好的学习氛围。如果你善于思考，你对问题的洞察和一针见血的见解，不仅能使团队信服，还能提升团队的视野和高度。如果你在人际上有优势，你则可以发现和放大他人的闪光点，充分发挥每个人的作用，让团队有和谐融洽的氛围。不同的优势，决定了你发挥管理作用时不同的方式和路径，你应该先从自己的优势出发，在新岗位上站稳脚跟，再解决自己的短板问题。

第二，不具备某些素质和能力，是否就无法表现出相应的行为？

这类似于"鸡生蛋，蛋生鸡"的问题，例如我们在"承担管理责任"中会提到，表率垂范的一个行为表现是以身作则，用统一的标准要求自己和他人。那管理者要能做到这一点，前提是不是必须充分自律呢？反过来说，原本不够自律的管理者，是否可能有以身作则的行为表现呢？

其实，"知行不合一"才是人们的日常。扪心自问，人大多时候都是行而不知，即能做到却不了解原理；或者是行而不愿，即做自己本身不情愿或做了却觉得不舒服的事。或者反过来，知而不行，即想做但没行动，知道却做不好。这也是管理者在评估人才时，经常会发现动机、个性或能力的测验结果与行为评价结果不一致的原因。

从不会管理到会管理，应该先"知"，还是先"行"呢？答案是两者兼有，但"行"更重要。

要让一个本身不够自律的管理者做到以身作则，更有效的办法不是去培养管理者自律，而是让管理者在行为上先做到以身作则。先改变行动，再改变思想、意愿和习惯。心理学中有大量的研究证明，行动带来想法、意愿的改变。对着镜子一直笑，你就会真的开心起来。一直做一件本来无趣的事情，你会开始给这件事赋予意义，认为其有趣起来。观念、思维的塑造和改变也需要通过行动实践。这也是我们建议先在行为上贴近管理者应有的表现，再逐步培养具备相应素质和能力的原因。我们尤其不希望你因为自身的某些个性或能力特点而对自我设限。

"我本来就不喜欢跟人打交道""我本来就不善于做计划"这类的想法，才是你发展道路上最大的障碍。你应该了解自身的优势和局限，但不应过度放大它们的影响，先行动起来，表现得像个管理者，慢慢地你就会发现，你已经具备了管理的意识和能力。

发展原则：从自身优势出发，先行动起来

关于什么因素决定了一个人能够成为管理者，一直有两种观点。一种从分析管理者的个人特征出发，认为是某些个人的品质决定了管理者的独特魅力，并且认为具备某些特征的人在管理上会比其他人更有天赋。另一类认为管理者的个体差异没有那么大的影响，环境和时势造英雄，是因为管理者被置于"领导"的角色上，发挥了相应的作用而成了领导。这两种观点是心理学研究最根本的关于"先天与后天"（nature & nurture）的争论，你几乎可以在任何解释个人行为的讨论中看到这两种观点的碰撞。

我们认为，成功的管理者是先天优势和管理实践共同作用的结果。要成功完成管理跨越，一个基本的发展原则是从个人优势出发，先行动起来，以行动带动意识改变，在实践中塑造新的思维模式和发展出新的能力。

具体一点就是：你首先需要明确自己能力素质上的优势，例如行动力强、逻辑缜密、人际亲和、有进取心、责任感强等。其次，借助自己的优势，按照三个关键跨越——"承担管理责任""推动执行""辅导他人"的行为要求行

事，先努力使自己的行为接近和符合管理者应有的表现。最后，通过具体的
管理历练，发展出相应的素质和能力，例如在推动团队执行的过程中，提高
自己的目标感和责任心。

个人优势是管理发展的起点，一些人会有更高的起点和准备度。但从不
管理到管理，面对的都是全新的任务和挑战，无论你多有管理潜力，你都与
管理岗位的要求存在差距。缩小差距的唯一办法就是进行管理实践，使自己
的行为贴近管理者应有的表现，才可能逐渐发展出新的能力（见图 3-2）。

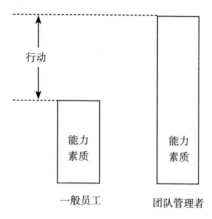

图 3-2　能力素质与行动之间的关系

APPLE 发展策略

我们建议新手管理者采用 APPLE 发展策略来指引自己提升管理能力，完
成管理跨越。

APPLE 发展策略是指：认知管理者的要求（awareness）；制定一个最小
化的发展路线图（path）；付诸行动（practice）；学习、反思（learn）；定期评估
（evaluation）(见图 3-3）。

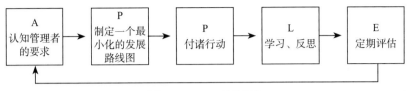

图 3-3　APPLE 发展策略

认知管理者的要求。本书已给你指出了一个最小化的目标，即关键跨越：承担管理责任、推动执行和辅导他人。对于你个人优势的认知，你可从这两个方面考虑：一是前面提到的四项管理潜力——践行抱负、敏锐学习、人际通达和跨界思考；二是你的专业能力和执行力，这通常是能够被提拔为管理者的人都具备的优势。

制定一个最小化的发展路线图。计划难以付诸行动常常是因为目标太多、太大或太空泛。因此，"最小化"是一个核心原则。

首先，审视自己的准备状态。在四项管理潜力中，践行抱负和敏锐学习决定了你整体的基础状态。前者给你提供充沛的能量，后者帮你把"瓶盖"打开，让新东西能源源不断地装进来。其实不仅是管理发展，任何自我提升的过程都是如此，都需要找到一个动力来源，并能开放、主动地学习。所以如果你希望在管理路线上有所发展，你需要给自己找到一个除头衔、待遇以外，非外力驱动的内部动力，并能持续开放地学习，否则你将很难走得长远。如果你在这两项上不具备优势，但也至少不能拖后腿。

其次，根据不同的优势基础，找到自己的发力点。如果你在"思考"或"专业"上有优势，在推动执行和辅导他人时，就可以更多地给团队出谋划策，输出方法并引导团队思考。如果你的优势在"行动力"或"执行力"上，则可能需要更多地带着团队一起做，走实干路线。如果你在"人际"上有优势，则可以在协调资源、促进协作上给团队带来积极影响。

最后，确定发展目标和发展计划。通常而言，完成三个关键跨越的顺序是承担管理责任、推动执行和辅导他人。承担管理责任决定了你是否能被团队认可和信赖，是你首先需要解决的问题。推动执行与业绩结果直接相关，更为急迫，同时你在专业或执行上的优势会使你有一些基础。辅导他人相对是最具挑战和重要但不紧急的事情，可以作为最后一项发展任务。除此而外，你还需要根据自己的情况，制订一个更为细化的发展计划（见表 3-1）。我们将每个关键跨越都细分成了多个要点，例如推动执行包括明确目标、建立共识、形成计划、过程管理、支持保障和复盘总结。你可以将这些要点作为自己分阶段要达成的目标。每个阶段只优先解决一个问题，计划好自己可以采取哪些行动，并有一种检验成果的评价方法。

表 3-1　个人发展计划样例

发展目标	具体行动	检验方法
推动执行：过程管理	1. 每日召开 30 分钟站立会 2. 针对重点事项，跟负责的员工每周至少有一次不少于 30 分钟的谈话 3. 制作一个跟进表，列明所有正在进行的事项或项目，记录情况，按周统计	周报或月报，能说清楚所负责事项或项目的所有情况，包括掌握关键事项或项目的细节

付诸行动，使自己的行为贴近团队管理者应有的表现。正如我们在前面分析过的，过去的习惯有强大的惯性，会阻碍你发展新的能力。因此才会有管理者知易行难，明知应该指导员工解决问题，但实际工作时还是选择自己亲自处理的问题。这就好比你已经开辟出了一条通向目的地的通畅道路，现在却要你舍近求远，硬是要另辟蹊径，更容易的选择肯定是继续"走老路"。这也是我们常说的路径依赖，这种依赖不仅仅是行为上的，还有思维上的。你在行动上的成功路径，在大脑里也有对应的地图。已掌握和擅长的事情，在大脑里会有一条路径，而你每完成一次已掌握和擅长的事情，这条路径就会加深一些。神经科学甚至发现，反复强化，脑区地图还会抢占未被开垦的脑区。这也是为何你越做自己擅长的事情，越不可能学会新的事情，因为你的脑区资源被过度抢夺和占用了。发展新的能力相当于建立新的脑区地图。

唯一的办法，就是脚踏实地地迈出每一步，进行刻意和反复的练习，让"新路"的痕迹加深和拓宽。

这需要你根据所制订的行动计划，坚持重复几个管理动作。例如每周跟员工进行超过 30 分钟的沟通，做周度的小结和计划，每月给员工做一次知识和经验的分享等。刻意练习的关键是：第一，这些行动都与你当前的发展目标相关。这也是你应该先确定发展目标和计划的原因。第二，长期坚持。我们观察发现，大部分优秀的管理者其实都没有什么秘诀，重要的是他们能持续地做那些被我们视作常规的小事。

学习知识，结合实践总结和反思。在有了一些实践体验之后，再进行系统性的知识和理论输入，是更有效的办法。对于学习效果而言，实战、模拟、亲眼看到、听道理的效果是依次递减的。这也是培训学习强调 721 法则——70% 实践、20% 交流分享、10% 课堂学习的原因。同时，在学习顺序上，我们也发现先有一些实践，再进行知识输入的效果会更好。因为实践中有过亲身的体会，最好还碰过壁，再接触知识和道理时，学习过程就是带着疑问寻求答案的过程，学习效率更高，领会、理解也更深刻。但反过来，先学习大量的知识，其实是没有目标的，真正能领会、消化的内容有限，还容易在信息海洋里迷失方向。

定期评估，了解自己的现状，以及与目标的差距。制定新的发展路线，进入新的发展循环。你可以运用本书提供的新手管理者关键跨越自评表进行自我评价。更好的方法是，请与你在工作中关系密切的下属、同事和上级给你反馈。主动寻求反馈是管理潜力"学习敏锐"中很重要的一点。

其实，重新去看待"评价"这件事，也是管理发展很重要的一种锻炼。行为心理学教授卡罗尔·德韦克在《终身成长》里提出"成长型思维"这个概念[⊖]，是指优秀的人相信人是可以发展和成长的，因此评价只反映你这一阶

　　⊖　德韦克 . 终身成长 [M]. 楚祎楠，译 . 南昌：江西人民出版社，2017.

段的状态，别人对你的反馈都可视作帮助你发展的建议。相反，具有"固定型思维"的人则认为人的能力是与生俱来和一成不变的，因此评价就是对自己的展示，需要尽量暴露优点，遮掩缺点；他们还认为他人的反馈就是一种对自己的评价，因此只希望被表扬，不希望获得负面的意见。无论是从个人发展的角度而言，还是从作为管理者要培养员工的角度考虑，你都要相信，人可以发展和成长，并且将评价和反馈视为帮助发展的工具与手段。使自己获得发展，并帮助团队发展，也是管理工作的意义和价值所在。

｜ 小　结 ｜

1. 新手管理者在进行管理发展时，需要先理解两个问题：

- 某些人可能更有管理潜力，更适合做管理。具备潜力的人有更高的起点和更好的准备状态，但无论多有管理潜力，都与管理岗位的要求存在差距，而缩小差距的唯一办法就是进行管理实践。

- "知行不合一"是常态，管理者能采取有效的管理行动却未必具备相应的素质能力，同样，不具备一定优势的管理者，仍然可以先努力使自己的行为贴近团队管理者应有的表现。

2. 新手管理者若想获得发展，需要采取的发展原则是从自身优势出发，先行动起来。

- 了解自己的优势，把自己的优势作为一个支撑点和发力点。
- 行动起来，在行动中学习和发展。
- 通过管理历练和具体的实践，发展出相应的素质和能力。

3. 新手管理者可以采用 APPLE 发展策略。

- 认知管理者的要求，以及自身的优势。

- 制定一个最小化的发展路线图。从优势出发，给自己建立一个支撑点，并制订一个包括发展目标、具体行动和检验方法的计划。
- 付诸行动，通过刻意和反复练习，跟过去的习惯已建立好的脑区地图抢夺资源，建立起新的通往目的地的路径。
- 学习知识，结合实践总结和反思。在实践中先有体验，学习就是带着问题寻找答案的主动过程。
- 定期评估，学会重新看待"评价"，把评价看作反映某一阶段性状态的中性动作。

新手管理者关键跨越自评表

在阅读下一章之前，你可以先对自己目前在三个关键跨越方面的行为表现进行评估（见下表），在阅读完对应章节后再复核一下自己的评估结果。

5分：非常符合；4分：符合；3分：中等符合；2分：不符合；1分：非常不符合。

新手管理者关键跨越自评表

关键跨越	行为构面	行为表现	评分
承担管理责任	认同角色	清晰认知自己的管理角色、职责，以及在团队中应该发挥的作用	
	表率垂范	身先士卒，在团队中起到示范带头作用	
		以身作则，用统一的标准要求自己和他人	
	为结果负责	敢于为团队拿主意和拍板，并对做出的决定负责	
		为团队的工作结果负责，主动承担不利后果	
	组织意识	优先为团队考虑，将个人成败与得失和情绪置于团队之后	
		代表企业的形象，践行公司倡导的价值观和工作理念	
		平均分	
推动执行	明确目标	为工作设定明确的目标及衡量标准	
	建立共识	将团队目标与个人目标及收益相联系，使员工认同	
	形成计划	分解目标，建立阶段任务，明确优先级和工作重点	
		制订计划时将变动因素考虑在内，事先准备应对方案	
	过程管理	察觉员工遇到的问题和挑战，及时采取措施干预	
	支持保障	合理配置资源，确保任务开展具备必要的资源支持	
		帮助团队解决在关键时刻或艰难环节遇到的问题	
	复盘总结	进行阶段性评价和回顾任务执行情况，指导改进和总结经验	
		平均分	
辅导他人	投入时间	安排时间定期对员工进行辅导	
	激发动力	让员工了解其工作表现与绩效要求的差距，提出改进建议	
		帮员工分析其在企业内的职业发展路径和晋升机会	
	指导跟进	通过带教、示范等方式直接指导员工的工作	
		分享个人的成功或失败经验，供员工借鉴和学习	
		给员工分析问题，引导其发现问题症结并制订解决方案	
		定期跟进和复盘员工的改进状况，提供持续的反馈和指导	
		平均分	

———

第二部分

关键跨越一：承担管理责任

第 4 章

信任的基石：承担管理责任

在刚开始管团队时，你最关心什么问题？

通常，获得团队的认可和信任，是管理者的首要考虑。在百度或知乎上搜索"下属"一词，首页都会出现"下属不服管、不听话或不配合，怎么办"这样的问题。本质上这些都反映的是管理者的个人威信，也就是下属对管理者的认可度和信任度。

你应该能体会到，正式任命和管理者拥有的权力，都不能自然让你成为下属心中认定的管理者。那什么才是关键？我们在 217 个领导力建模项目的访谈中发现，其实答案很简单，就是你必须表现出一个管理者该有的样子。我们将之总结为"承担管理责任"，它包括三个关键要点（见图 4-1）。

图 4-1 "承担管理责任"的三个关键要点

承担管理责任一：表率垂范

以身作则

表率垂范的第一个典型表现是以身作则，即要求下属的管理者自己要先做到，还要做得更好。做到以身作则的难点是在日常小事中一以贯之，例如"开会不迟到""最早到办公室"等。有一位销售人员向我们分享了他们经理的例子，这位销售经理永远保持着随时可以见客户的状态，即使因为应酬一宿没睡，也不会出现邋遢随意的样子。因为如此，即使这位经理有时连下属的领带都会挑剔，他们也能理解和接受。因为下属首先信服的是"你要求我的，你自己要先做到"，员工能从中体会到这位销售经理一直强调的专业态度。虽然只是不起眼的小事，但如果管理者能一直坚持做到，员工就会信赖管理者，并被管理者的自律性所折服。

管理者在以身作则上的反面表现是严以律人、宽以待己，这也最易让员工感到"不服"。这方面的典型表现包括：开会时要求大家的手机静音而自己在中途接听电话；让员工节省费用尽量搭乘公共交通而自己打车；在商务谈判进行到关键环节时让员工不要轻易让步，而自己在接到客户一通电话后率先降价；跟客户沟通或跟其他部门开会，对于员工精心准备的材料自己事先没怎么看，但如果员工没准备，则一定会批评员工等。

身先士卒

表率垂范的另一个典型表现是身先士卒，即管理者要冲在最前面。相较于以身作则更多体现在日常工作上，身先士卒则尤其会在困难时刻出现。下属期待的是，在自己感到为难或搞不定的时候，管理者能顶上和接住。我们在访谈中收集到很多负面案例：客户投诉时管理者不出面；出现事故和问题时管理者没有立即赶到现场；面对客户刁难时管理者不吭声或过度退让；面对团队难以攻克的难题时管理者不介入等。尽管很多时候员工理解管理者也不一定能解决问题，但情感上不能接受管理者没有挡在团队前面。

管理者在关键时刻挺身而出，往往是与团队破冰并建立信任的起点。我们在访谈中收集了不少这样的例子，其中一个是某网络运营商门店店长的经历。当时他刚上任不久，就遇到一个顾客因为宽带自动续约的问题与店员发生争执，情绪激动下顾客动手打了店员一个耳光。事情发生时，他立即上前把店员拦在了自己身后，告诉那个顾客他是店长，由他来负责处理顾客的问题，并请其他同事把店员带到办公室，安抚该店员的情绪。他当时考虑的是，一方面要维护公司的形象，坚持以专业化的态度对待顾客；另一方面不能让员工白受委屈，必须为员工出头。因此，他先帮顾客办理了退订，并做了特殊申请，取消了已经发生了近一个月的费用。然后要求顾客给店员道歉，并告诉顾客柜台有监控，如果他不道歉，就把他打人的那段监控视频调出来，报警让警察来处理。这么一说，那个顾客顿时没了一开始的嚣张气焰，给店员道了歉。

事后这个店长回顾整件事，其实他过去并没有遇到过类似的事情，要求顾客道歉时自己也有点害怕，但他知道自己必须硬着头皮把事情摆平，否则下属会对他非常失望。本来有些店员因为他比较年轻不服他管，但在这之后，他明显感觉到了大家对他态度的变化。

很多时候，管理者需要身先士卒去面对的事情，自己未必有能力和信心能妥善解决。一些是因为客观条件的限制，例如面对排查不出漏洞而宕机的系统，你又必须给客户一个交代。一些是因为自身能力的限制，例如你很少公开演讲，却要为产品做市场路演等。在困难或关键时刻，如果你退缩或回避就等于输了，问题解决还在其次。在这里，态度和勇气是第一位的，能力反倒在其次。

整体而言，员工对于管理者在表率垂范上的期待，源于"上位者，有能者居之"的观念。作为带领大家，对大家发号施令的人，应该"能人之所不能"，但这并不意味着你必须拥有苦行僧般的自控力或搞定一切的超能力。人人都生而平凡，人人都有懈怠懒惰和怯懦退缩的时候，但你依然选择严格自律和挺身而出，这才是一个管理者真正让下属信服的地方。

承担管理责任二：为结果负责

为所做决定负责

管理者为"做决定"所负的责任，体现在敢于做决定，并为自己的决定负责。管理者做出判断后给下属明确的指令，是下属对管理者最基本的期待。不给意见、迟疑不决或犹豫反复的管理者，很难让下属信服。

管理者的一些回避行为，其实都被下属看在眼里。

一种行为是把责任都推给上级或公司，把自己撇清。尤其是在给员工提出要求或做出负面评价时，管理者"假借"上级或公司的名义，声称是上级或公司的决定。不亮明自己的态度和意见，或许能让管理者避免正面冲突，并少承受些压力，却容易被下属视为不作为、没能耐和没担当。因为在一些事情上，管理者声称自己没有决定权，是没有说服力的。即使下属相信管理者只是传达了上级或公司的决定，也会对管理者只能扮演传声筒般的角色而失望。

另一种行为是用各种方式打太极，不把话挑明说。在官僚主义盛行的组织里，这也许是管理者的一种生存之道。管理者借助这种方式，一方面是为明哲保身，另一方面是让自己显得高深莫测，但本质都是管理者的不担责和不作为，下属对其难以信服。

还有一种行为是让下属自己或集体讨论决定。这种方式看似既尊重员工又民主，但在团队不成熟或事情比较紧要时，则大有问题。排除管理者判断失误，以为员工有能力做出正确决定的情况。如果管理者在团队期望自己拍板时又把问题抛了回去，或者询问了很多人的看法最终却不拿定主意，下属都会认为管理者在回避做决定。

为所做决定负责，同时包括为好的和坏的结果负责。管理者回避做决定，很多时候是因为害怕犯错，但这恰恰是管理者需要突破的心结。管理者要在"做决定"这件事上学会适应两个常态：一是会犯错；二是不能两全其美。

一个关于错误决定的事实是，很多时候有错误的方向也比没有方向好。走错的那条路至少能帮你排除一个选项，而在原地打转只能一无所获。麦肯锡和波士顿咨询公司在一项对 CEO 长达 10 年的调查中发现，决定的果断性比精准性重要。果断的 CEO 拥有强大业绩表现的可能性会增加 12 倍以上。[⊖]对于做决定而言，果断和坚定的决定才是关键，试图保证决定不出错而畏首畏尾，反而可能是错误的开始。

另一个需要适应的是，你将面对的大多数选择都是两难的决定。无论你怎么选择，都存在损失或有人不满意。对于得失，在不同的目标和情境下有不同的评价标准。如果选择了优先投入 A 任务，则必然有 B 任务需要延期或资源支持不够。但是，不是 B 任务不重要，只是在特定的时期和目标下，A 任务达成的收益价值对公司更有利。因此，你必须承担 B 任务未达成造成的损失，以及可能会让负责 B 任务的员工不满的结果。

总而言之，避免犯错不是管理者不做决定的理由。你即使做出了正确的决定，也仍然会让一些人不满意。敢于做决定并为自己的决定负责，这是管理者让团队信服的关键。

⊖ 博特略，鲍威尔 . 为什么精英都有超级领导力 [M]. 张缘，刘婧，译 . 长沙：湖南文艺出版社，2019.

为团队的工作结果负责

对于团队"好"的和"坏"的工作结果，管理者负责的方式是不同的。

对于坏的结果要主动承担，具体表现在能够"背锅"和"揽锅"。这包括在造成事故时管理者出面给客户道歉，而不是把具体犯错的下属推到客户面前；在出错被问责时管理者揽下责任，即使自己不知情或根本没参与其中；在没有达成既定目标时管理者先自我检讨，而不是批评下属，等等。

大部分员工对于管理者为自己"背锅"的行为，态度有些微妙。一方面，当管理者把责任揽在自己身上时，员工会有愧疚心理，觉得错误其实是自己犯的，却连累了自己的上级；另一方面，如果管理者不在团队内继续对下属追责，员工则可能会好了伤疤忘了疼，侥幸自己过了关，不再会去反思和吸取教训。

因此，管理者在为团队承担了错误或失败的责任后，必须在团队内做到清晰追责和赏罚分明。否则，管理者为团队揽下责任而不让员工负责，在某种意义上是在包庇和纵容下属，会成为一种变相讨好下属的手段。尤其是当管理者自身才不配位的时候，依赖这种方式去抓住团队的心，只会被下属当作"冤大头"。

对于团队取得的"好"结果，管理者则要尽量做到"不承担"。即使管理者在其中做出了很重要的贡献，甚至是起到了举足轻重的作用，也要把舞台留给下属。做到这一点对于很多管理者而言其实更难。因为很多时候，管理者都天然是那个唯一走在台前和站在聚光灯下的人，收获绝大多数的注意和赞扬，而且管理者也习惯了当主角，享受聚光灯。这时管理者懂得不遮掩团队的光芒，并让团队也有所表现尤为难得。

管理者的一些假装谦虚或推辞好意的表现反而会弄巧成拙，下属也并不会为上级"赠予"自己的功劳而开心。管理者要把下属真正的闪光点和价值，让更多人看到。我们在访谈中听到一个让员工印象深刻的故事：一个管理者在市场活动中做演讲时，一开场就告诉大家 PPT 是他团队的某某某做的，在讲到其中的几个数据时，告诉大家数据的调研是他团队的另一个谁谁谁做的，并且表示，如果他的演讲让大家感觉有收获和启发，那主要是因为这两个同事的材料准备得好，而如果大家觉得讲得不好，则是他演讲的问题，没有把团队精心准备的内容传递出来。你也许会觉得管理者的这几句话只是一种习惯性的礼貌或演讲技巧，但如果你了解制作汇报材料的员工为管理者在台前的 30 分钟演讲所做的努力，还时常惋惜管理者没能表达出材料内容的 1/10，你就能理解管理者的这几句话对于员工的意义了。当然，在更多的时候，管理者需要做的是，让自己的上级或公司的高层看到下属的闪光点。你可以让下属去汇报团队的项目成果，或者在上级赞扬了你的工作或方案时，提及下属的贡献和价值。

下属对于管理者要能"推功揽过"的期待，有时会让管理者觉得委屈。员工可能会认为管理者得到了更好的待遇，已经补偿了这种付出。但事实上，很多管理者的薪酬可能还没有优秀员工高，也没有因为做管理工作而获得任何特权，这也是一些管理者深感自己不易，对自己的岗位感到不满的原因。

如果一开始你选择做管理，只是因为收入待遇好，或者只是"想当官"，你也许需要从现在开始重新正视管理工作，管理者从管理工作中得到的最大收获，其实是个人的成长。你也许会因为个人的成长，把自己带向更高的位置或更远的地方。收入或头衔不应该成为你选择做管理的理由，因为它们不足以支撑你承担好管理的责任。

承担管理责任三：组织意识

遵守和代表组织的规则

每个公司和团体，都有显性和隐性的规则。前者是一些明文规定的规章制度，后者是一些不成文的"惯例"，也是常说的"潜规则"。只有遵守这些规则，才会被接纳为自己人。管理者作为团队的领导，不仅要遵守规则，还需要成为其代言人，在任何场合言行都要跟企业的显性和隐性规则保持一致。

管理者的问题是，他常认为自己是制定和改变规则的人，而与团队已有的规则发生冲突，使自己显得格格不入，不被团队接纳。这一问题在空降管理者身上尤其凸显，我们看到过很多管理者为此而碰壁。

在访谈中我们遇到过一个管理者 A 先生，他谈到刚上任时推行会议制度的事情。A 先生刚接手团队时，发现大家开会从来不准时，而且总有人以见客户为由不出席会议，事先也不请假，都是在临近会议开始时才通过微信或由其他人代为请假。A 先生认为这是一个工作习惯问题，需要从这种小处着手，帮助团队形成良好的职业素养。因此，他上任的第一件事就是建立会议制度，提出一些他认为是理所应当的基本要求。但这项制度推行起来异常艰难，总有人请假，或者中途申请接听重要客户的电话。他也多少听到一些员工的声音，提及这项制度实行起来面临的实际困难，以及会议要求有些过于注重形式等。同时 A 先生发现，公司管理层的大小会议，似乎都有类似的情况，他们团队并不是个例。

一开始他认为，既然会议时间固定，大家大可在安排工作时把会议时间空出来，这是很简单就可以做到的事情。后来他才渐渐了解到，这其实与公司的理念、客户和市场，以及竞争地位都有关系。大家没法提前安排时间，是因为公司面对的绝大部分客户，基本做不到提前约定拜访时间，即使事先约定了也会临时取消或改期，而没约定的时候又有可能临时通知要会面。同时，公司的市场竞争状况和所处的竞争地位，决定了公司不能放弃这些客户，也无法制定与这些客户合作的规则。更好的服务和全面的配合，可以说一直是公司的一个竞争优势，这远不只是会议纪律或时间管理的问题。A先生在试图改变团队的会议规则时，其实应该先了解实际情况。

先了解清楚状况，适应规则，再考虑修改和设计规则，这是管理者加入团队、融入团队、引领团队必经的过程。虽然这看上去是非常浅显的道理，但管理者常会因"新官上任三把火"的热情而打乱了节奏。据不完全统计，所有跟我们合作过人力资源项目的对接人，如果上任时间在一年之内，则项目推行成功的概率不超过一成。新规则没有成功建立，管理者反而会因此提前离开。

就像前面推行会议制度的例子一样，一个团队和组织经年累月形成的工作模式与习惯，有可改善之处，也有其存在之理。上面例子中的管理者A，在推动会议制度执行时可以不那么刚性，不要因员工有一点不遵守规则的行为就上纲上线，例如不可以用微信请假，必须用邮件等。同时，增加执行的机动性和灵活性，例如可以调整会议时间，或者让下属远程参会等。提出要求的节奏再放慢一点，不追求一步到位，情况可能就会不一样。

"组织意识"体现在管理者身上，不是无条件地遵从，也不是阳奉阴违地应付。对于管理者不认同的规定或习惯，公司当然希望管理者能做出改进和优化，而不是背地里批评或悄悄地对着干。但是，管理者要学会适应性地改良，态度保持坚定，但执行时温柔地渐进。这需要管理者保持独立的意志，思辨地看待组织中的问题和矛盾，并能按照恰当的节奏触发变化和帮助组织改进。当然，这是对管理者更高的要求。一般性要求是，首先要避免因为急于建章立制而挑战团队现有的规则，从而增加被团队接纳的难度。

团队利益为先

管理者需要为团队和公司着想，把个人得失置于团队之后。更多考虑自己而非团队的管理者不但不会被下属认可，还会在道德层面被员工否定。例如，有员工提到每年他们团建都一定会订某某集团的酒店，因为管理者是这家酒店的会员，想借此多赚一些积分，员工会认为管理者的行为是一种以公谋私。还有员工认为，管理者向公司承诺了很高的目标，却不争取更多的资源，是一种牺牲长期业绩和团队利益为自己的晋升铺路的自私行为。因为团队为了完成高目标非常辛苦，而且多少有客户资源过度开发、低折扣等情况，但最后得到好处晋升了的只有管理者。

平心而论，虽然大部分员工都能理解管理者会更多为自己着想，但这是员工与管理者离心的开始。你可以感受到员工对管理者"大公无私"的高期待。排除显然是损公肥私的作恶行为，在个人与团队的得失之间，"无私"在不同人的心里有不同的尺度。作为新手管理者，保持身正不作恶，找到自己的"无私"尺度，是踏上管理之路后要进行的一项长期修炼。

对新手管理者的建议

了解完本章的内容，你可以用第一部分最后的"新手管理者关键跨越自评表"再做一次评分，自查在承担管理责任上的表现。

要做到"承担管理责任"，涉及自律、勇敢、坚毅、担当这样的个人素质，以及利他为公、正直诚信的道德品质。正如我们在第 3 章的发展原则中提到的，如果你本来就具备这样一些优势，你将更容易获得团队的认可和信任。同时，管理工作本身也会培养这些素质，你可以不具备这些优势而成为管理者，但你需要在行为表现上不断去贴近"承担管理责任"的标准。所以，你可以把"新手管理者关键跨越自评表"作为一个常规的自查工具，帮助你校正自己的行为表现。

你可采取的总体发展策略是：第一，清晰认知团队对管理者的期待，了解自己的角色，即应该承担什么样的管理责任；第二，投入到角色中，努力使自己的行为表现贴近"承担管理责任"的标准；第三，你不需要天生具备领导特质，但你需要认知自己的优势和局限，借助自己的优势努力达到管理者的标准，并争取突破局限。

| 小　结 |

1. 新手管理者上任后的首要任务是取得团队的认可和信任。为此，你必须表现出一个管理者该有的样子，承担起管理的责任。承担管理责任有三个关键要点：表率垂范、为结果负责和组织意识。

2. 表率垂范包括以身作则和身先士卒。

   - 以身作则的核心是，要求下属的管理者自己要先做到。
   - 身先士卒主要是，管理者在困难或关键时刻能顶上，冲在最前面。
   - 要做到表率垂范，态度和勇气比能力更重要，是愿不愿的问题，而非能不能的问题。

3. 为结果负责包括为所做决定负责和为团队的工作结果负责。

   - 要做到为决定负责，得学会适应两个常态：一是会犯错，二是不能两全其美。
   - 为团队的工作结果负责要区分"好"的和"坏"的结果。取得坏结果时要帮团队"背锅"，取得好结果时则要把舞台和聚光灯留给下属。

4. 组织意识包括遵守和代表组织的规则，以及团队利益为先。

   - 在建章立制之前，应先适应和符合现有的规则。
   - 团队利益为先是指你要为团队和公司着想，把个人利益放在团队之后。

| 第 5 章 |

新手管理者易走进的误区

要获得团队的认可和信任，承担起管理责任是唯一正途。但刚开始做管理时，你可能会满足于抓到一个能见效的方法，并不会多想。因此，关于如何"收服"团队，新手管理者常会走进一些误区。

误区一：管理者得比下属更专业 vs. 管理者可以不懂专业

管理者得在专业上强于下属吗

靠专业让下属信服是新手管理者最常用的方法，因为大部分新手管理者都是因为专业或业务能力出众才被提拔的。

在企业里靠专业征服团队极为普遍，我们有不少客户甚至到了总经理或CEO 的层级，还是整个组织中专业最强的人。但管理者一直依赖这一优势，追求在专业上强过下属，是一种误区。

第一，管理者下场当选手。你会对自己擅长或青睐的领域有更多的关注，难以站在公司和业务的视角进行客观的判断。当自己的意见被挑战时，你会感到自己的专业权威受到了质疑，会忙于捍卫和反击，无法接受不同意见，变得固执专断。

第二，管理者跟下属变成了竞争关系。好胜心会使你在具体的专业问题上与员工争执和较量。对员工的指导会变成强势的影响说服，不利于员工个人能力的发挥和培养。你还可能把有实力的下属视为自己的潜在竞争对手，排挤或打压下属。

第三，管理者成了团队能力的上限，也是团队里最操心的人。团队对你越来越依赖，难以获得成长，无法为你分担，形成了恶性循环。这也是大部分个人能力极为突出的管理者带领的团队整体实力却很弱，很长时间没有人能被提拔晋升的原因。

管理者可以不懂专业只做管理吗

认为管理者可以不懂专业，又走进了另一个极端的误区。与之类似的说法还包括：技术管理者或者更接近业务的偏一线管理者，需要懂专业或业务；但层级更高的综合类管理者，则可以只做管理，发挥领导力即可。事实真的如此吗？

我们观察了一些有丰富管理经验的管理者，他们因职业发展需要转换了业务领域，强于领导力但不熟悉他们负责的业务。结果发现，因为专业或业务能力的缺失，他们的管理浮于表面，就像高手出拳没有了内力只有招式，无法获得实质性的成效。

这类管理者最常有的一些典型表现包括：很喜欢开会，擅长通过各种报表和数字了解业务的情况。喜欢抓考勤、纪律、进度、流程和 KPI，但很少直接跟员工聊具体的客户或项目。当团队就具体的客户或技术问题找到管理者时，通常管理者给出的是极为宽泛的建议，道理听上去都对，但没有实际操作的指导性；或者不太会自己给出建议，只是帮团队协调资源或专家，等等。

管理者如果不把专业上缺的课补上，几乎都不会成功。即使团队在短期内业绩表现能达标，也不是管理者的功劳，管理者反而可能因为瞎指挥而给团队拖后腿。长远而言，管理者无法给团队带来积极的影响和推动作用，也一定会显现出来。

从发挥个人专业优势到专业引领

管理者不能不懂专业，只是此专业非彼专业。管理者需要做到的是专业引领，而非发挥个人的专业优势。这意味着管理者要给出专业的洞见和判断，帮团队指明方向，做出指导，而不再是运用个人专业能力解决具体问题。

这要求管理者基于积累的经验，对已掌握的专业知识和技能进行提炼与加工，总结出一套解决问题的思路，甚至是方法论。这是对管理者在专业高度、广度上的要求，而不是深度。这也是管理者能够指导员工，授之以"渔"而非"鱼"的基础。管理者要能进行专业引领，既需要在专业上的持续深造，也需要辅导他人等相关管理能力的发挥。

成就比自己优秀的下属

管理者一开始可能是团队中实力最强的人，并依靠这一优势带领团队。但随着团队的发展，你需要团队里存在比你更强的人，包括专业实力以及整体综合实力，甚至是领导潜力。你要把"让下属比自己更强"作为一个管理目标。这么做的原因有以下两个方面。

第一，你应该跟高手交朋友而不是做敌人，"真金"不会因被你排挤或打压就无法绽放光芒，况且你还有机会成为高手的引路人和导师，桃李满天下能帮你建立良好的人脉。工作不像考试，成功并非完全依靠个人能力，要懂得借力和整合资源。

第二，让团队有更多优秀的人，会形成羊群效应，把优秀的人吸引到你的周围。团队整体实力不断上升，你作为管理者其实是最大的受益人，你也会被身边优秀的人带动，从而不断成长。

从个人贡献者转型成管理者，真正的价值体现正在于你能成就团队，让下属发挥优势，而不是你个人的实力有多强。如果你没能做到这一点，其实也意味着你在领导力上还有欠缺，更应该在这一方向上努力。

在你刚开始做管理时，下属如果比你优秀，会是管理的难点。你需要做的是：

首先，在心态上，你需要明白管理者不必强于团队的道理，尤其是不需要在具体专业或业务能力上强于下属。管理者的价值并不体现于此，你不需要跟团队在这个维度上竞争。你需要做的是欣赏和发挥下属的优势，而不是跟他们比拼和较劲。

其次，对于专业能力强的人，让他们成为团队的技术专家、你的个人智囊，多向他们请教和学习。对于内部人脉广的资深员工，让他们成为团队的黏合剂、你的"政委"或"外交官"，多让他们辅助你建立关系和营造团队氛围。当你能做到这些的时候，你其实已经在发挥领导力了，你同样会因此而获得团队的认可和信任。

误区二：管理者得让下属满意 vs. 管理者得让上级满意

管理者得让下属满意吗

让下属满意，也是管理者获得团队认可的方法。但如果一味追求下属满意和喜欢自己，管理者就会表现得像溺爱孩子的母亲，过于放任和纵容下属。下属可能会乐意被这样的上级管理，但这样做对团队绩效和人员成长不利。

走进这种误区的管理者，通常会用以下两种方式取悦下属。

一种方式是让下属尽量少吃苦。谈判能力较强也不太害怕冲突的管理者，会选择跟上级讨价还价。一方面尽量不接费力或有挑战的任务，另一方面尽量争取更多的资源支持。这时管理者通常不会主动去突破目标，而且会对职责外、边界模糊的工作极为计较。埋头苦干型的管理者则会选择自己多做。累自己而不累下属，把最苦、最累的任务分给自己，然后让团队分享更多成果。

另一种方式是滥用物质奖励。这一类管理者在给团队布置额外的任务或提出新要求时，都会给予对应的奖金激励。管理者在用一种"计件制"的方式做管理，只相信"钱"才是员工工作的主要动力。

但讽刺的是，这两种方式其实都不会令员工真正满意。

心理学家弗雷德里克·赫茨伯格研究了影响员工工作满意度的因素，发现两类因素的作用是不同的。一类是保健因素，这类因素如果没有得到满足，员工的满意度会降低，但当得到满足时，员工也只会有一种"不是不满意，也不是满意"的中性态度。只有另一类因素——激励因素被满足时，员工才会真正满意并积极地工作。

公司政策、管理措施、工作条件、工资福利等都属于保健因素。激励因素包括成就、赏识、挑战性的工作、增加的工作责任，以及成长和发展的机会等。你会发现，管理者尽量让员工少吃苦的做法，反而是在减少激励因素，减少了下属的工作挑战、成就感以及发展机会。凡事论物质奖励的做法，只是满足了保健因素，下属不会不满意，但也不会满意。

然而，如果下属本来是觉得工作有趣或有挑战性的，管理者用奖金这种外部激励的方式，反而会破坏下属的内在动机，让下属不再对工作本身感兴趣，也不再有成就感了。心理学家狄西和莱恩在 1975 年的一项研究[⊖]中发现，外在激励会破坏员工的内在动机。

新手管理者走进这一误区后，会在过渡管理角色时更为纠结和困难。在分配任务时，如果面临时间紧迫、任务具有挑战性的状况，你会因担心造成员工不满意而难以把任务分配下去。如果下属在接受任务时表现得很为难，你可能会不太敢提要求，或是会避重就轻、含混带过。因为在意下属对自己的评价和态度，你可能也不太能对员工做出负面评价，会选择回避问题，因而没法指导员工改进。

管理者想用讨好迎合的方式让员工满意，其实并不能如愿，还会使团队没有挑战和成长。虽然管理者可能会借此取得团队的认可和信任，但会在开展管理工作时举步维艰，得不偿失。

管理者得让上级满意吗

有一种观点认为，管理者要让自己的上级或公司满意，通常就会让下属不满意。因为管理本身就是在约束下属的行为，要对下属提要求，自然就不会令员工满意。

持有这种想法的管理者，容易走入的误区是：

第一，忽视员工的感受和主观能动性，以严格控制和冷冰冰的方式管理下属。

第二，变成"唯上"的管理者，只关心上级是否满意，围绕着上级开展工作。

这样的管理者不在乎团队对自己的认可和信任，因为他们认为只有上级

⊖ Deci E L, Ryan R M. Intrinsic motivation [M]. New York: Plenum Press，1975 .

手中握有的权力和资源，才决定了谁能成为管理者，以及以后的升迁和发展。在他们看来，下属会尽可能偷懒和逃避工作，工作只是为了赚钱，因此需要被管理约束和控制，用金钱来激励。

但事实并非如此，我们从北森人才管理研究院 2016 ~ 2019 年的敬业度调查中可以看到，员工一直有接受挑战的意愿，且从 2016 年开始还有增强的趋势，从 68.37% 上升到 76.37%（见图 5-1）。就像双因素模型所揭示的，挑战性的工作更能激励员工和提升员工的满意度。员工并非没有进取心和只想偷懒。

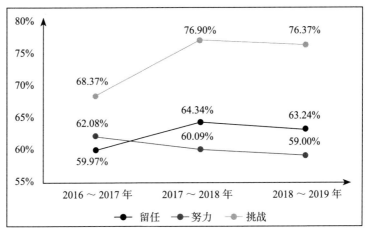

图 5-1　个人敬业度指标三年对比

资料来源：北森人才管理研究院，2018 ~ 2019 中国企业敬业度报告，2020。

在现代的商业和组织环境中，相信员工有自我管理和成长的能力，用更人性化的方式管理，会有更多的创造力和活力。反之，如果你以完全"唯上"和忽视员工的方式管理，你个人的发展将会大为受限。上级的每次变换都会对你产生极大的影响。你管理的团队会缺少凝聚力和战斗力，人员会不断地更换，只有听话、被动的员工会留下来。你将无法在开放、灵活的组织环境中工作，也带领不了有想法和需求多元的员工。

让客户满意，对绩效负责

管理者工作不是为了让上级满意，也不是为了让下级满意，而是为了让客户满意。以客户为目标，本质上是在对绩效负责，这才是管理的最终目的。

为了获得更好的绩效，管理者需要指出下属的问题，并让下属改进，还要挑战下属不断超越和突破。想要迎合下属的管理者，会不敢挑战员工。一味"唯上"而不在意下属感受的管理者，则可能会过度或粗暴地挑战员工。这两类管理者都缺少对下属的支持和辅导，都不会获得期望的绩效。为此，你需要做的是：

第一，对员工的各种反应都有所准备。有高成就、高挑战意愿的下属，可能会欣然接受你的挑战，而其他下属则可能会有抵触或畏难的表现，甚至吐槽或抱怨你。

第二，不要去考虑或想象他人会如何评价自己。始终关注真正的客户，以及绩效目标。确保自己的每一项决定和行动都是服务于客户和绩效的，而不是为了回应他人的评价或证明自己。

第三，相信下属可以被激发和改变，用正确的辅导方式帮助有差距的人提升，挑战优秀的人突破。

把团队带向成功，让下属成长。这才是你与团队建立信任关系的牢固基石，也是你能从管理中得到的最大成就感。

误区三：管理者得与下属保持距离 vs. 管理者得与下属打成一片

管理者得与下属保持距离吗

管理者通过制造距离感来建立自己领导权威的做法，通常有以下几种。

第一是尽量少说话。例如在开会时不发表意见或只做简略的点评。

第二是尽量在正式场合用正式的方式沟通。例如只在办公室或会议室沟通，并事先约定好时间、安排好沟通内容。

第三是尽量不谈论公事以外的事情。例如个人生活、过往经历或兴趣爱好等。

第四是避免与下属进行私下的互动。例如中午不与团队吃饭，平时不与团队闲聊，团建时经常提前离开或只负责为团队买单，集体活动时只跟其他管理者在一起，等等。

但是，这些做法营造的权威感只是一种假权威。如果这么做，对于下属而言，你更像一个符号，代表着公司的意志、权力或资源，他们看不清你本人的真面目。你隐藏和掩饰的举动，也会让人怀疑你的实力。

同时，你与下属间的关系也会过于冰冷，缺少了人情味。每个人都有社会交往和情感归属的需要，你疏离了下属，不仅会缺少与下属的情感联结，还会让下属相互抱团，这些都不利于你与团队建立信任关系。

如果你借距离隐藏自己，也会让你无法提升和发展。在刚开始做管理时，都是在摸索和学习，你会担心自己做不好，或认为自己有差距，都是非常正常的心态。越早暴露问题，就越有机会改正和进步。但如果你选择了隐藏或掩饰，你就不能真正面对自己的问题，则不可能有提升和发展。继续隐藏，你更会为自己才不配位而感到心虚。

管理者得与下属打成一片吗

管理者跟下属关系好，很多事情可以靠情感推动，这是一些管理者用以维系团队的方式。但如果管理者过于专注对下属关系的经营，则会走入两种误区。

第一，管理者可能会为关系所累，无法在上级和朋友的身份间恰当地转换。管理者可能会碍于情面而无法要求或挑战下属，也可能会因关系亲近而偏袒下属。

第二，管理者可能只是在运用人际和影响技巧，并不真的与员工交心。如果发展到极致，就会演变成操纵人心和玩弄权术。

管理者走入这两种误区后，跟团队之间建立的是畸形的关系。前者是与下属间双向的人情绑架，后者是操控与被操控的控制关系。

自恃可以运用人际和影响技巧操纵员工的管理者，很可能"聪明反被聪明误"。

第一，管理者可能会棋逢对手，与下属把职场生活硬生生过成"宫斗剧"，但最终鹿死谁手并不可知。

第二，为了好操控，管理者会青睐听话好控制的员工，拉低团队整体的水平，同时让团队变得保守封闭。当企业发展到一定阶段和规模后，企业会率先替换和淘汰这样的管理者。

第三，员工能很快分辨出真情和假意，也越来越不可能真的被操纵和控制。

经营下属关系的管理者，大多有人际优势，有机会成为政委型的管理者。这种管理者最有可能与员工建立起信任关系，并让员工感觉如沐春风。走入以上两种误区的管理者，问题都出在了"情感投入"上，前者投入太多，后者几乎没有。过于走心会被情感所累，完全不走心则就只剩下了满满的套路，都浪费了管理者的人际优势。

严格但有温度

作为管理者，对事，你需要公事公办；对团队，你需要有管理的温度。理想的情况是"工作时严肃立规矩，私下可称兄道弟"。

作为新手管理者，你还没学会依据场合灵活地把握分寸，更多会依从自己的个性偏好去跟下属交往。

如果你是偏"事务"导向的管理者，你会更注重目标和效率，会就事论事而不太考虑人的感受和关系。你容易与下属拉远距离，变成公事公办的关系。因此你需要刻意增加与下属的交流和互动，并适当地暴露自己，让下属了解你工作以外的样子，增加亲切感。

如果你是偏"人际"导向的管理者，你则会对人际关系比较敏感，重视人与人之间关系的融洽和谐。你需要的是区分开不同类型的事情、场合和人，灵活切换工作和非工作模式，并且注意在运用人际和影响技巧之余，保持对他人的同理和共情。

对新手管理者的发展建议

你需要运用你的优势，将之作为一个支撑点，但又不要过于依赖它而走进误区。

大部分新手管理者的优势有两类：一类是专业优势，另一类是人际优势。具备第一类优势的新手管理者更多，因为绝大部分人都是因为这一优势而被提拔为管理者的。

因此你可采取的发展路径是：第一，先凭借过硬的个人实力获得团队认可，进入具体的业务，不要急着去"管理"。第二，在获得团队认可后，尽快发展领导力，逐渐进入管理角色，更多做管理而不是做业务。练习输出方法，而不是直接解决具体的问题，逐步减少应用个人专业优势。第三，如果你有人际优势，将之用于对下属的了解和关心，增加管理维度的工作，但仍首要服务于业绩目标。如果你在人际方面有差距，在解决你擅长的专业或业务问题时，借助辅导下属、协调资源的机会去练习和提升。

同时，你需要警惕容易形成的路径依赖：一是过于依赖专业优势，这容易让你把问题都抓在手里自己解决，形成救火状态；二是过于依赖人际优势，这容易使你在经营关系上过度投入，可能会为情感所累，也可能变成以人际和影响技术去操控他人。形成路径依赖会阻碍你学习和发展新的能力，限制你的成长。

| 小　结 |

1. 新手管理者在取得下属认可和信任时，容易走入的第一类误区：

   - 一是过于依赖个人的专业能力，想要靠专业征服团队。这会带来的主要问题是管理者成为团队能力的上限，限制员工的发展。

   - 二是认为可以完全不靠专业，发挥领导力即可。这会带来的问题是管理浮于表面，无法获得实质性的成效。

2. 在进入管理岗位后，管理者需要在个人能力上实现两个转换：

   - 一是从运用自己的专业能力解决具体问题，转换为将专业优势赋能于团队。

   - 二是从运用自己的个人实力去带领团队，转换为培养和成就团队。

3. 第二类误区是让下属满意，还是让上级满意的问题。

   - "唯下"的管理者通常用两种方式取悦下属：一是让下属尽量少吃苦，二是滥用物质奖励。本质上都只是满足了保障性因素，只能让下属处于"不是不满意，也不是满意"的中性状态。

   - "唯上"的管理者围绕上级开展工作，不太关心员工的感受。这类管理者的个人发展极为有限，更易受领导更换或组织环境变化影响。

4. 管理者只需要让客户满意，这本质上是对绩效负责。管理者需要为此而帮助下属改进和挑战下属突破。这是管理者与团队建立信任的正确方式。

5. 第三类误区是关于与下属的距离和关系的。管理者易走入的两个极端：

- 一是制造距离感，以树立个人领导权威。
- 二是过于注重经营关系，导致为关系所累，或是只运用人际和影响技巧而不交心，变成对下属的操纵控制。

6. 管理者需要把握不同场合的交往分寸，做到"工作时严肃立规矩，私下可称兄道弟"。"事务"导向和"人际"导向的管理者所需要的努力不同，前者需要增加交流和互动，后者需要把握好情感投入的度。这样管理者与下属之间才能既有信任，也有温度。

| 第 6 章 |

真诚是最好的套路

你可以运用自己的优势，用各种方法去赢得下属的信任，但真诚是永恒的底色。

真诚坦率

真诚坦率包括两个维度：一是管理者能分享真实的信息，不隐瞒、不遮掩、不欺骗；二是管理者能站在员工的角度理解员工，照顾员工的感受，真正为员工着想。真诚坦率需要兼顾两者，既做到有话直说，又能为员工着想。

相较而言，讲真话比照顾员工的感受更重要。尽管有可能伤害或触怒下属，但讲真话的人比闭口不谈或虚与委蛇的人更值得信任，这是因为管理者与下属之间天然存在着信息差：一方面，公司有很多信息需要通过管理者传递；另一方面，管理者也能通过更多的渠道获得更多的信息。信息的传递就代表了信任的程度，越是紧要的信息，越是只会让信任的人知道。反之，遮掩或隐瞒信息会让下属感觉到自己不被信任。

我们根据信息真实度和对下属的同理关怀度，划分出了四种管理者与下属沟通的方式（见图 6-1）。真情假意和虚伪应付都很糟糕，不会产生信任。直言不讳会让员工想要远离或有些害怕管理者，但会觉得管理者是真实的，可以信任的。最理想的沟通方式是真诚坦率。

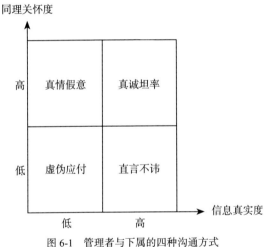

图 6-1　管理者与下属的四种沟通方式

虚伪应付

虚伪应付是最不真诚的。这样的管理者首先是自己就不信任下属，认为很多事情员工没必要知道，或者员工知道了就会把事情搞砸。甚至有的管理者会故意利用信息差，去操纵和影响下属，同时也不会在乎和关心下属的感受。

访谈中有一个技术经理跟我们分享了他的经历。他当时管理两个技术团队，涉及跨城市的管理，他带两个团队有些挑战性。他对另一个城市的市场不太熟悉，好几次出面支持的项目都没能彻底搞定客户，而且当地的销售人员也在抱怨技术支持不到位。之后他的上级帮他招了一个技术主管，管理其中一个团队，但他管理这个主管一直都有些吃力。

后来这个技术经理发现，其实上级本来打算让这个主管单独负责那个城市的市场，面试那个主管时就隐约透露了这一信息。但这个技术经理并不知道，人招进来后让他带着。一年多了上级也一直没跟他们说明白，让他们相互较劲。这让这个技术经理感到上级对自己完全不信任，有一种被玩弄于股掌间的憋屈感。

这个技术经理谈到，本来他带两个团队就感到吃力，也知道自己与目标之间存在差距。上级如果能直接告诉他问题出在哪儿，给他定一个标准和期限，事先讲好如果达不到要求，就把团队交给别人管理，他反而会因此被激励，而且心甘情愿接受一切结果；或者在把这个主管招进来后，跟两人明确好各自管理的重心和范畴，他们也都会舒服很多。

但这么暗自较劲后，他和这个主管心里都有很多对彼此和上级的猜忌。最终无论结果如何，下属对管理者都已心生嫌隙，很难再有信任了。

虚伪应付的管理者，有一种自己最聪明、高高在上地布局和掌控一切的傲慢。下属感到的是不被信任和看重，自然也不可能会信赖这样的管理者。

真情假意

真情假意的管理者，本意可能是担心员工受到伤害，但因为没有直接沟通，不说实话或遮掩掩饰，结果仍然让员工觉得其虚伪和不可信赖。

访谈中一个应用工程师跟我们分享了他的经历。这个工程师对自己的绩效评分有异议，想了解清楚上级的想法，但多番沟通后无果，对上级彻底失望，最终选择离职收场。

其实上级在做绩效考评时，这个工程师刚完成了几个重要项目，工作结果不错，但有销售人员反映他合作态度不好。虽然上级并不认为销售人员反映的问题全是工程师的错，但也觉得这个工程师在合作协同上有待提高。因此上级在评分时只给这个工程师评了个中等，即满足期待的意思。但这个工程师觉得自己的工作表现一直不错，还刚完成了团队里最重要的几个项目，认为自己理应得到更高的绩效评分。

上级在给予这个工程师反馈时没有指出具体的问题，因为他担心这个工程师知道销售人员投诉后会有情绪，而且可能会激化双方的矛盾，因此就只是提及这个工程师跟销售人员的合作有问题，做事原则性太强。但这个工程师认为绩效评价就应该看工作结果，怀疑上级是因为销售人员提意见才给自己评中等的，认为上级在销售和技术之间有矛盾时，总站在销售那一方。结果逐渐演变为，这个工程师认定这个公司销售至上，不尊重技术，工程师没有前途，于是就提出了离职。

就这个例子而言，如果管理者能够直接基于事实沟通，把下属在跟销售人员合作中的事情和问题完整复盘与分析一下，反而会是一个引导下属重新认识和学习合作的机会。管理者如果能跟下属谈谈，自己如何看待技术与销售团队的关系，自己在处理之前遇到的冲突时的考虑，以及了解下属遇到的挑战和他那么处理时的想法等，都是一个增进理解和关系的过程。结果因为管理者害怕员工多想或为了照顾员工的情绪，回避问题，不直接沟通，反而造成了误会，彻底伤害了下属。

真情假意的管理者，为员工考虑的心情也许是真实的，却往往弄巧成拙。下属感受不到管理者的真情意，只认为管理者有话不明说，把自己当小孩哄。管理者这样做容易造成误会，也换不来信任。

直言不讳

直言不讳的问题是管理者没太考虑员工的感受，不注意沟通的方式方法。尤其是在反馈负面信息时，下属多半会被管理者的言语刺伤，出现强烈的情绪反应，但事后冷静下来，能认可管理者所说的，但情感上还是会受伤害。这类管理者常会收获类似"心直口快""缺乏人情味"这样的评价。

直言不讳并不包括对下属的辱骂或人身攻击，仍然是针对事情的，是毫不留情的直接批评，不照顾或安抚员工的情绪。例如，员工花了一整个星期做了一份分析报告，向上级汇报时，上级很快翻完了报告，听了不到5分钟，就直接打断员工说："你这份报告基本只罗列了分析过程，看不到明确的结论，而且内容很散、逻辑很乱，这几点我看不懂为什么要放在一起讲，还有很多地方都有错别字，格式也不对。整个报告就是一个思路还没理清楚的草稿，我完全没法用。"员工很可能因上级的这番话受到打击。心理脆弱一些的人在听到这番话后，会觉得上级看不到自己所做的努力，只是一味挑错。自尊心比较强的员工则可能会试图辩解，如果再被上级挑战，即使上级说的可能都是对的，当时也很难服气。

直言不讳的问题在于完全没有照顾员工的感受，沟通时不注意方式方法。上面这个例子里的管理者，如果能同时肯定员工做得好的地方，并且能用提问的方式启发员工自己认识到问题，帮助员工做一些分析和给予直接的建议，员工的感受会完全不一样。

但直言不讳仍然比真情假意和虚伪应付更能让人感受到真诚。员工知道管理者说的是心里的大实话，虽然自己可能会因此感到不舒服，但也会认为管理者是可信的。

真诚坦率

真诚坦率就是既直接坦率地沟通，又能照顾到下属的感受。真诚坦率需要管理者做到以下几点。

第一，就事论事，不针对人做评价，尤其是在反馈负面信息时。例如，你可以说"报告的逻辑有些乱"，而不要说"我觉得你的逻辑有些乱"。

第二，讲具体的事，不要讲宽泛、指向不明的事。例如，你可以说"上次我们跟销售讨论这个项目时，销售提出希望我们能提前入场，你没问原因就先直接拒绝了"，而不要说"销售提要求你就一口回绝"。

第三，多分享背景信息，让员工知道原因。不要嫌麻烦或觉得没必要，要让员工知道你的设想和考虑。如果员工了解你做决定或安排的原因，会执行得更到位，也会因此增加对你的了解和信任。

第四，态度温和友善，不带情绪。语气平和地沟通，不要疾言厉色。给员工说话的机会，并且不要打断员工，听员工把话讲完。

第五，多提问，多给建议和指导。管理者不要只是单向地表达，多些耐心跟员工探讨，也问问员工的想法和原因。用提问的方式引导员工自己去分析问题，多给员工建议。

做到真诚坦率，也会需要批评或挑战员工，但关键在于管理者能客观地就事论事，并给予员工切实的支持和帮助。遮掩或粉饰并不能降低负面信息的"伤害"，也不会让人感受到真诚和信任。

展现真我

展现真我意味着管理者要接纳和欣赏真实的自己，并坦诚做自己。

每个人都有两个自我：内在自我，以及向他人展示的公众自我。卡耐基在《人性的弱点》里提到，"人类最本质的需求是渴望被肯定和赞赏" ⊖ 。为了符合社会的期待和获得他人的肯定，每个人多少都会对自己的公众自我进行包装。

根据管理者自己的理解以及他人对管理者的期待，不同的管理者会有各自对自身形象的包装。在刚开始做管理时，有的管理者会选择模仿身边的模范，尤其是自己认可的上级或其他有民众威望的管理者。但如果你模仿和包装后的公众自我，与你的内在自我差别太大，就会出现问题。

第一，虚张声势会破坏你与下属的信任关系。例如，有个市场部的员工提到，他们市场部的工作主要是做销售支持，如做一些活动和展会等。他对市场策划、分析的工作很感兴趣，听说自己上级在一家挺厉害的调研公司工作过，就想向上级了解怎么做行业分析。但上级一直在跟他讲一些方法和框架，都是些很虚的东西。当他想知道具体的工作或上级写过的分析报告时，上级却谈不出来太多东西。其实这个员工不过是出于好奇随意问问，但上级不懂装懂的表现让他感觉上级很假，也对上级的真实能力产生了怀疑。

第二，过多假装会让你自己不开心。你在假装时有多努力，就代表你有多不喜欢真正的自己。过度包装的公众自我与内在自我的差距，反映的就是你对自己的不认可和不满意。我们在项目中辅导过一个管理者，他有一个下属是从别的团队转过来的，能力很强，但有些不服他管。这个管理者心里一直觉得，下属认为他比不上自己以前的上级。他试过模仿那个管理者的方式与这个下属相处，也让其他人比较和评价过自己与那个管理者。但其实他的心结是他自己觉得技不如人，他越在意另一个管理者，想要学着用那个管理者的方式去管理这个下属，他就越不自信。本来他们是两种不同类型的管理者，那个管理者把业务抓得很细，也比较强势和结果导向；而这个管理者则比较注重授权，也更注重员工的感受。但这个管理者把自己的优势丢了，想

⊖ 卡耐基.人性的弱点 [M].马晓佳，译.长沙：湖南文艺出版社，2019.

要用别人的方式去解决问题，否定了自己。这样做不仅没能搞定下属，还让另一个管理者成了自己的一个心结。

你会伪装可能是觉得自己不够好，但其实管理者如果能暴露自己的瑕疵，偶尔示弱，反而是最真实、最能打动人的。

在访谈中有员工谈到，自己一直觉得上级非常厉害，感觉什么事上级都搞得定，但自己有些怕这个上级，每周跟上级开会时都很紧张。他第一次感觉自己跟上级走近了，是有一次上级跟他说，其实自己每次跟他开会时都很累，因为前一天晚上自己都会为了看球赛而很晚才睡，经常会因为起不来而差点迟到。

有时管理者坦诚自己不懂或做错并不会被员工小看。访谈中也有员工分享过，当他的上级坦诚说某个事情自己也没有做过，也不太懂，但愿意跟他一起探讨的时候，他反而会因此被激励。还有，如果上级出面解决问题却没有搞定，但能坦诚自己存在的失误，不回避问题，也并不会折损自己的威信，反而能收获下属的信任。

正如比尔·乔治在《真北》里所说的，管理者需要找到像指南针一样能指引其在领导之路上前进的"真北"，忠于自己，而不是模仿或假装成任何一个别的管理者[⊖]。这需要管理者有强大的内心力量作为支撑，你需要做到以下几点。

第一，认识你自己。这是刻在古希腊德尔斐神殿里的一句话，这也是每个人终其一生都在探索的事情。乔哈里窗反映了人们对自己认知的盲区（见图 6-2），而我们基于管理者 360 评估的数据研究发现（见图 6-3），越是优秀的管理者越有清晰的自我认知。你既需要时常自省，也需要以开放的心态去主动寻求别人的反馈，了解自己的盲区并不断修正自我的认知偏差。找到并肯定自己的优势，同时也认识和接纳自己的不足。

⊖ 乔治，西蒙斯. 真北：125 位全球顶尖领袖的领导力告白 [M]. 刘祥亚，译. 广州：广东经济出版社，2008.

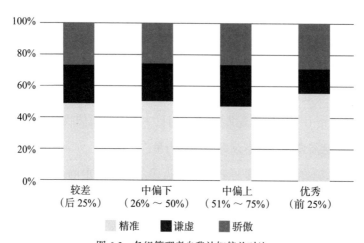

图 6-2　乔哈里窗

图 6-3　各组管理者自我认知偏差对比

资料来源：北森人才管理研究院，"企业优秀管理者的自我觉知与能力特征分析：基于360
度反馈的实证研究"，2019。

第二，建立你内心的准则。人之所以会"装"，本质上是因为期望获得他
人的肯定和赞赏。但如果太在乎别人的评价，一直活在别人的期望中，则会

丢掉自己。你需要找到自己判断工作价值的准则，从中找到能自我激励的动力。帮助他人、取得成就、创造新事物、增长学识、收获友谊等，都可以是你做管理者的原因和动力。问问你自己内心真正的追求是什么，如果不会被他人表扬，你仍然有动力去做的是什么样的事，你会从中收获什么。

第三，适当地暴露弱点。能做到这点，也意味着你能真正接纳和认可自己。像前面的例子中那些会坦诚自己很累或承认自己不会的管理者一样，与下属分享你在面对挑战时的心路历程、遭遇过的挫折、犯过的错误，以及一些个人的小缺陷等，会让你更真实和有人情味。

真诚不是一种技巧，需要管理者有强大的内心，是需要管理者终身修炼的事。这也是"修身齐家治国平天下"首先要"修身"的原因。管理是个人成长多项历练的浓缩，你从管理中体验到的不仅仅是管理，也是每个人的人生。做好管理，不仅仅是成为优秀的管理者，也是成为更好的自己。

| 小　结 |

1. 真诚是赢得信任的终极套路，包括真诚坦率和展现真我。

2. 真诚坦率包括两个维度：一是管理者能分享真实的信息，不隐瞒、不遮掩、不欺骗；二是管理者能站在员工的角度理解员工，照顾员工的感受，真正为员工着想。根据这两个维度，管理者与下属相处有四种方式。

- 虚伪应付：不告知员工信息或不讲真话，同时也不在乎员工的感受。这是最不真诚的，管理者展现的是一种高高在上地掌控一切的傲慢。

- 真情假意：因为担心员工受伤害，而遮遮掩掩，不直接沟通。这样反而会弄巧成拙，员工会感觉到管理者有话不明说，因而会有各种猜测，从而造成很多误会。

- 直言不讳：有话明说，但不太考虑员工的感受。尽管可能会让员工感觉不舒服，但这种方式比虚伪应付和真情假意更真诚。
- 真诚坦率：既讲真话、实话，又能照顾到员工的感受。

3. 做到真诚坦率要注意五点：就事论事，讲具体的事，多分析背景信息，不带着情绪，多给建议和指导。

4. 为了满足各种社会期待，每个人都会包装自己。但如果包装后的公众自我与你的内在自我差别很大，就会出现问题。一是虚张声势很容易会被看出来，让管理者看起来不值得被信赖；二是过度假装会让管理者自己很不开心。

5. 展现真我要做到三点：认识你自己；建立你内心的准则；适当地暴露弱点。

制订你的发展计划

关键跨越	行为构面	行为表现	是否要提升
承担管理责任	认同角色	清晰认知自己的管理角色、职责，以及在团队中应该发挥的作用	
	表率垂范	身先士卒，在团队中起到示范带头作用	
		以身作则，用统一的标准要求自己和他人	
	为结果负责	敢于为团队拿主意和拍板，并对做出的决定负责	
		为团队的工作结果负责，主动承担不利后果	
	组织意识	优先为团队考虑，将个人成败与得失和情绪置于团队之后	
		代表企业的形象，践行公司倡导的价值观和工作理念	
具体行动			
检验方法			

| 第三部分 |

————

关键跨越二：推动执行

第 7 章

新手管理者的执行力 2.0

打造团队执行力

无论在传统行业，还是在新兴科技行业，企业都非常看重一线管理者的执行力，因为它与业绩目标的达成直接相关。新手管理者通常也是凭借出色的个人执行力，能交出漂亮的业绩答卷而获得提拔的。在管理角色转换之后，他们往往将个人执行力视为最可倚仗的抓手，选择在具体任务上投入大量的时间和精力。但与巨大的时间投入形成鲜明对比的是，大多数新手管理者对自己的工作现状并不满意，陷入每天"穷忙"的状态，工作结果却不理想。更让他们失望的是，这种付出并没有得到上级的积极评价。一位销售总监这样评价自己的销售主管："他还是原来那个销售冠军，一直在重复自己。我把5个销售人员交给他，但团队的业绩并没有起色。"

　　问题出在哪里呢？新手管理者容易忽略一个事实：作为管理者的**推动执行**能力和作为个人贡献者的**高效执行**能力并不能画等号，个人执行力强并不意味着团队执行力就一定强。在任务执行这个维度上，新手管理者同样需要认知转型和能力升级，积极思考如何发挥团队的执行力，在新角色下高效地达成团队目标。

以最大化团队产出为目标

　　从个人贡献者转变为一线管理者，面临的第一个变化，也是最大的变化是目标的变化，从只需要对个人工作结果负责，转变为对整个团队的目标负责。管理者如果继续选择单打独斗，依靠自己的勤奋来达成团队目标，必然会拉低整个团队的效率。与此同时，团队的执行力并不等于每一个成员个人执行力的简单加总，需要管理者真正担当起"管理角色"，让团队高效运转起来。管理者不能再紧盯着自己擅长的事情或个人感兴趣的目标，而应该思考如何达成整个团队的目标，最大化团队产出而不是个人产出。

　　哪些事情可以最大化团队产出？

　　第一是**目标设定**。管理者需要在职责范围内向团队成员明确传递哪些目标是更重要的，合理投入自己和团队的精力，而不是平均用力去完成上级布置的所有工作。

　　第二是**任务分配**。管理者需要把紧急程度不同和难度不同的工作任务，根据员工的特点合理进行分配，并与下属就工作任务的成功标准和时间要求达成共识。

　　第三是**过程管理**。管理者需要认识到，同样的工作，由他人来完成比由自己完成更不可控的现实，并能够采取必要措施，保证团队工作的进度和质量。

　　第四是**应对变化**。根据实际情况动态调整团队的工作计划，在充满变化的环境中主动管理变化而不是被动应付，这是管理者的必修课。

第五是**总结复盘**。管理者不能停留在遇到一个问题就只解决这一个问题的层面，而需要帮助团队总结经验，提炼工作方法和规律，从而提升团队整体的工作效能。

充分发挥团队成员的能力

从个人贡献者转变为一线管理者，面临的第二个变化是工作模式的变化，从主要依靠自己达成目标，转变为依靠团队成员达成目标。决定最终工作结果的不仅是管理者个人的能力和努力，还有管理者有效"调动他人"的能力。除了关注工作任务本身之外，管理者还需要眼里能看到"人"，心里能想到"人"，主动思考如何充分发挥团队成员的能力，而不是致力于让自己变成超级英雄。

充分发挥团队成员的能力，需要管理者在激发动力和减少阻力上双管齐下。

首先，管理者需要**激发团队成员的工作动力**。制定正确的目标只是第一步，更主要的是与员工就目标达成共识。从员工的角度出发，对目标进行解释说明，将工作任务与员工的个人利益、职业发展相关联，让员工理解并愿意做出承诺；并在分配任务时充分尊重员工的个体差异，分配符合员工意愿和能力的工作任务，发挥他们的长处，同时提供成长锻炼的挑战机会。在任务执行过程中，让员工充分参与工作决策的讨论，让他们根据实际情况选择适合自身的工作方法，并在团队复盘的时候鼓励他们充分表达意见，提升他们对工作的掌控感。

其次，管理者要**减少团队成员的工作阻力**。在任务执行过程中，员工免不了会遇到各种困难和突发状况，每个人解决问题的能力和积累的经验不尽相同，一方面需要管理者在分配任务的时候有所考虑，提前做好应急预案，另一方面需要管理者进行持续的过程管理，在员工遇到问题时能够给予必要的支持，避免让员工感到自己孤立无援。

升级路上的六个误区

接下来本书将从心态转换、目标设定、任务分配、过程管理、应对变化及总结复盘等环节，陪伴你完成新手管理者的执行力升级之旅。但在旅程开始之前，需要先提醒你接下来可能会遇到的六个误区。这些误区会成为管理者成长路上的绊脚石，它们与管理者习以为常的思维模式和行为模式有关，是你在进行管理发展时需要努力解决的问题。

误区一：超人心态

超人管理者的宣言是"这事儿让我来"，或者"算了，我来做吧"。

超人误区是新手管理者最容易遇到的，具体表现是习惯自己动手，整个人扑在具体工作的执行上，像超人一样出现在各个工作现场主持大局，下班时间越来越晚，生活和工作逐渐模糊了边界。

超人管理者习惯靠个人能力去支撑团队目标达成，较少主动思考如何充分发挥团队成员的能力，这样做拉低了管理者和整个团队的工作效率。对于管理者自身而言，长时间沉浸在具体工作中，不断重复过去自己擅长的事情，而没有做管理者应该做的管理工作，不利于自己的成长。

误区二：完美主义

完美主义管理者的宣言是"我每件事都要做到一百分"，或者"我只接受满分"。

完美主义误区有两个具体表现：一是希望每件事情都是零瑕疵，二是不能忍受暂时的不完美。和超人误区一样，完美主义误区也是时间黑洞，会吸走管理者和团队的时间。

完美主义管理者因为追求事事都要做到最好，很容易目标不清晰，平均分配自己的精力和团队资源，导致重点工作缺乏投入，非重点工作投入过多，最终拉低了团队整体的效率。

完美主义管理者还容易患上拖延症。由于总是觉得自己和团队没有做好准备，因此不能按时开始一项工作。又由于对成果不够满意，因此迟迟不能按计划完工。团队成员也被迫在细节上花费太多精力，导致投入与产出严重失衡。

误区三：想当然

想当然的管理者常常在进展不顺利的时候懊悔地说"我以为……"或者"你应该……"。

想当然的管理者考虑问题时习惯从自身出发，而忽略了人与人之间的差异。他们往往会低估工作难度以及完成工作所需的时间，却高估了团队成员的能力，导致工作结果不如自己的预期。于是管理者不得不为员工收拾残局，打乱自己的工作节奏。

想当然的管理者最容易在分配任务时犯错，可能会给员工安排远远超出其能力的任务，或是提出不合理要求。这会给员工造成较大的心理压力，并打击员工的信心。

误区四：控制狂

控制狂管理者的宣言是"就按我说的做"，或者"这个事情我比你清楚多了"。

控制狂管理者的具体表现：想要实时掌握工作任务的全部信息，对员工的工作进度和质量不放心。他们要求员工随时汇报工作进度和各类工作细节，并设置多道审核程序，还会事无巨细地复核全部工作成果，不想让事情脱离自己的掌控。还有的管理者会要求员工严格按照自己规定的方法去工作，不允许有一点偏离。

控制狂误区也是时间黑洞，这样的管理者容易陷入微观管理，被过多的细节牵扯精力，无法专注于更重要的事情，容易捡了芝麻丢了西瓜。虽然管理者投入了大量的时间，但团队的效率并不高，管理者和员工都在细枝末节上浪费了太多的时间。

控制狂误区还是信任黑洞，会打击员工的工作积极性。与控制狂管理者相处，员工感受不到来自上级的信任和肯定，做事束手束脚，缺乏对工作的掌控感，这也是导致员工敬业度不高的重要原因之一。自主性强的员工对这类管理者尤为反感，无法认同上级的管理方法，甚至会选择离开，影响了整个团队的稳定。

误区五：疏离旁观

当员工寻求帮助时，陷入疏离旁观误区的管理者往往会说"这不是我该关心的事情"或者"这不是我应该做的"。

疏离旁观管理者的具体表现：只关注工作进度和数字报表，不过问工作中的具体问题，不了解一线的真实情况。面对下属的求助，他们只能给出放之四海而皆准的通用建议，不能结合实际情况帮助下属分析和解决问题。

管理者长时间远离一线，既无法掌握事情的进展，也无法掌握员工的工作状态，当遇到突发状况或者疑难问题时，容易因为不掌握真实情况而丧失判断力，要么一直拖延，迟迟不给明确指令，要么拍脑袋"瞎指挥"。类似的事情如果多次发生，必然会动摇下属对管理者的信任感，使下属不愿再与管理者充分沟通，因而使管理者更加远离一线，与团队成员只能维持疏远的关系。

误区六：安于现状

安于现状的管理者喜欢说"想那么多有什么用呢，存在的就是合理的"，拒绝下属的改进建议。

　　安于现状的管理者奉行"多一事不如少一事"的准则，他们不喜欢变化，希望一切按照惯例进行。具体表现为遵循常规，很少对工作进行复盘总结，不去思考如何改进工作方法和流程、提高工作效率。

　　安于现状的管理者遇到问题不愿意刨根究底，习惯采取"和稀泥"的态度，让事情随着时间过去。于是团队反复在类似的事情上犯错，浪费了工作资源，维持相对低效的运转状态。

　　安于现状的管理者自己不反思，也不太喜欢员工有太多想法，希望大家都是"乖学生"，专注做好执行的事情。在这样的团队里，思维活跃的员工往往会觉得压抑，好的想法不被欣赏，没有充分的机会施展自己的才能。

　　以上六大误区存在于管理者日常的思考和行为之中，克服它们不是一蹴而就的事情，但从误区中努力走出来的过程，也是和自己内心对话的过程。在这样的对话中，管理者可以看清楚自己想要成为管理者的"初心"，什么对自己而言是更加重要的，同时看清楚自己擅长什么、不擅长什么，从而努力提升自己，成为更好的管理者。

｜ 小　结 ｜

1. 新手管理者需要将个人执行力升级为团队执行力，把最大化团队产出作为自己的工作目标，投入精力完成管理工作。

2. 新手管理者要充分发挥团队成员的能力，激发团队成员的工作动力，并提供必要的支持，为团队成员减少工作阻力。

3. 新手管理者需要警惕常见的六大误区，规避不适用的思维模式和行为模式，完成管理角色转型。

第 8 章

做该做的事，把"猴子"还给下属

不要做员工可以做到的事情

一位技术管理者这样描述他的下属："他们工作一点都不用心，每次交上来的报表总是一大堆错误，有很多是低级错误。其中有个人的问题最严重，我反复提醒了他好几回，但交上来的东西还是错的。他也不主动和其他部门的同事沟通，还得我替他找对方要最新的资料，不然他宁可按旧的数据去做报表。我问他为什么不去主动沟通，他不是抱怨对方态度不好、不愿配合，就是怪对方没有及时同步最新信息给他，总之都是对方的错误。因为每次都有我给他复核，他就会这样把半成品丢给我。我发现自己一直在给下属善后，根本腾不出手来做自己想做的事情。我一直想总结过往的案例，使大家避免在同一件事情上反复出错，但一直没有时间去做这件事，一直忙着替他们善后。可员工这种情况，我怎么能放心让他们独立完成工作呢？"

相信不少新手管理者都有类似的苦恼，抱怨下属工作不到位，对员工的工作产出不放心，只能跟在他们身后收拾局面。管理专家威廉·安肯三世在《别让猴子跳回背上：为什么领导没时间，下属没事做》[⊖]一书中形象地把解决问题需要采取的行动比喻为"背上的猴子"。管理者往往因为背上背了太多团队成员的"猴子"，被压得喘不过气来，而没有时间去照顾自己的"猴子"。

前面提到的这位管理者想要确保良好工作结果的出发点并没有错，但他混淆了自己该履行的管理职责和员工该承担的"完成具体工作任务"的职责，做了不该做的事情。要走出这种困境，不再因为要完成大量本不应该自己承担的工作而变得越来越忙乱，新手管理者首先要做的就是区分哪些事情是管理者必须做的，哪些事情是应该交给员工做的。

第一，员工现有能力可以完成的任务，要坚定不移地交给员工去做。有的管理者觉得这类事情自己顺手做了也不耽误时间，或者自己去做速度更快、效果更好，但正如前面超人误区中提到的那样，这样做会占用管理者本来就十分有限的时间，也影响了员工对于工作的投入度。而且一件事情可能花不了太多时间，但如果每个员工都有几件类似的事情，累积下来数量就相当惊人了。如果管理者将这些时间省出来，投入到其他能创造更大价值的事情上，对团队作用会更大。对于上面那位技术管理者，他要做的不是等快到截止日期才去帮员工复核修改，而是与员工在一开始就约定好交付标准和交付时间，要求对方自己修改完善直到符合标准为止。

第二，对于员工暂时能力不足，但"踮脚跳一跳"能完成的任务，也可以交给员工去做。在这种情况下，管理者需要给员工提供必要的辅导和资源支持，而不是直接上手替员工完成。

⊖ 安肯三世.别让猴子跳回背上：为什么领导没时间，下属没事做 [M].陈美岑，译.杭州：浙江人民出版社，2013.

第三，对于员工能力差距较大的工作任务，如果员工有意愿挑战，而且管理者在综合考虑任务的紧迫性和重要性之后，判断可以承受员工试错的结果，也可以鼓励员工去做。在这类任务中，管理者需要为员工补位，一起去完成工作任务，并做好准备，如果事情进展不顺利甚至失败，自己要承担结果和责任。短期来看，管理者这么做有些吃力不讨好，还要承担不必要的风险。但长期而言，这样做其实是在对团队能力进行培养和投资，管理者也因此有机会从具体工作中腾出手脚，带领团队去实现更多的"不可能"。

忍住，让员工先思考

虽然管理者能够意识到自己要少做员工可以做到的事情，但当员工来请教你或是直接寻求帮助时，你可能还是会忍不住直接上手帮员工解决问题。这时，你需要学会：

第一，不要马上回应，**先让员工自己分析问题**。可以运用的"口诀"是"你觉得呢"或者"你是怎么想的呢"。当员工向你求助，询问你事情该怎么做时，如果你直接告诉员工答案，给员工很多建议，员工通常就不想自己思考了，这时员工的"猴子"就从他的背上爬到了你的背上。要让员工自己解决问题，你可以在员工讲完他的困难之后，问他"你是怎么想的呢"，要求他讲述自己对问题的分析和解决方案。员工的回答会帮助你发现问题所在，有的员工只看到了表面现象，对于背后的原因缺乏思考；有的员工爱钻牛角尖，不会灵活转换视角；而有的员工就是想把问题抛给你，他自己偷懒不去分析问题和思考解决方案。

第二，用**不断提问**代替直接告知解决问题的办法。在初步判断情况之后，你可以进一步用提问的方式让员工思考他可以再做些什么去解决问题，例如，可能存在信息收集不足的情况，可以询问员工"当前的信息足够做出判断了吗？你已经掌握了哪些方面的信息，还需要补充哪些信息吗"；或者可能存在资源协调不畅的情况，可以询问员工"当前的工作主要涉及哪些配合部门和同事？他们对这件事情的关注点和你有什么不同吗"。在这个阶段，管理者仍然要避免直接给出答案，而是通过多角度的提问引导员工展开思考。

忍住不给答案对于管理者而言是一个挑战。有位制造企业的高管曾经分享过他们日常开会的场景。为了解决客户投诉的产品质量问题，技术、生产、质量三个部门的分管领导、部门经理和工程师在一起开会，分管领导和部门经理为质量问题产生的可能原因和解决方案讨论得热火朝天，而本应该负责解决客户投诉问题的工程师却成了旁听和记录的角色，等着领导们分析原因、制订解决方案，然后遵照执行。管理者做了工程师的工作，让工程师充当了一个被动等待的角色，那管理者自己的事情又能由谁去做呢？管理者要想不替代员工去解决问题，就要先学会做提出问题的人，而不是回答问题的人。

第三，**让员工做出解决问题的承诺**。如果员工以现有的能力和经验储备确实不足以制订出解决方案，你也可以给出具体建议，但一定要让员工顺着这个建议谈谈他的想法或者下一步行动计划，让他意识到完成这项工作任务是他的责任，是他要去解决的问题，而你只是他的一个资源或者辅助角色。在结束谈话前，你需要和员工约定一个时间点，到时再和你讨论工作进展。

如果员工要求你参与某项具体工作，你需要跟员工明确彼此的分工，并让员工认识到负责人仍然是他，并不会因为有你的参与，责任人就变成了你。例如，为了与客户达成合作，销售人员经常会需要销售总监去拜访客户高管，但销售总监负责的只是和客户高管交流，推进销售进程和最终签单仍然是销售人员自己需要负责的事情。销售人员得做好一个"导演"的角色，设定拜访的目标，设计和安排好会面的内容与销售总监的工作，甚至反过来对销售总监提要求。销售总监不能为了拿下客户就把一切工作大包大揽，得明确告诉员工签单的第一责任人仍然是他，这样销售人员才可能更主动地投入工作。

打破四种"超人心态"

急于求成 vs. 延迟满足

你还记得那个说着"算了，我来做吧"的超人管理者吗？相信每一位管理者都曾经有看着员工干活儿，自己心里着急，想撸起袖子替员工完成的经历。特别是在有业绩压力的时候，管理者就更会因为焦虑而直接插手，缺乏耐心去辅导下属。

这种选择看上去是非常以结果为导向的，但不利于团队产出最大化，因为个别工作任务的效率提高了，并不意味着团队整体的工作效能高。其实管理者自己也明白，自己接手完成的任务，对团队的结果贡献可能只是杯水车薪。管理者个人无法代替整个团队，更明智的做法肯定是把团队的能力发挥出来。但很多管理者就是等不及，在没有明显进展的时候，就想具体做点什么来缓解焦虑。

新手管理者要学会适应这种事情进展不能如自己所愿的状态，也可能要在经历一个"抓得越紧，事情越失控"的时期后，才会接受自己的焦虑，愿意慢下来。只抓关键问题，更多地放手让团队去发挥，等待团队完成后去验收成果，给自己和团队多一点时间。

站在舞台中央 vs. 做一个幕后英雄

成为管理者，把具体工作交给员工去完成，也意味着把过往熟悉的战场和舞台交给了员工，而自己则退居幕后，看着员工在台前尽情发挥，收获鲜花和掌声。一开始管理者多少都会有些失落，因此有的管理者会和下属较劲，追求在专业上胜过对方，而有的管理者则会感到迷茫和不踏实，想要继续做自己熟悉的事情，希望一切如常。

不过在一段挣扎和迷茫过后，管理者一定会体验到管理团队所带来的成就感。一位管理者在总结过去一年的工作时说，当她看到下属获得优秀新人奖站在领奖台上，比自己获奖都开心。她也开始能从管理工作中获得乐趣，比如在朋友圈晒客户的表扬信去称赞团队，帮助受挫的员工调整状态，以及辅导员工帮助对方成长等。一直激励着她的，是她想象着明年拿到优秀团队大奖，可以跟团队一起登上领奖台的画面。

如果你正处在缺少即时反馈和成就感的阶段，不要着急，持续做管理者该做的事情，你将从下属的成长中收获成为管理者特有的成就感和满足感。没有什么比帮助他人成长更有成就感的了，而且你会发现和团队一起创造的业绩是个人成绩的数倍，带领团队完成挑战性目标会让你心潮澎湃。

害怕失败 vs. 从失败中学习

把"跳一跳"才能完成的工作任务交给员工去做，管理者可能要承担任务失败的后果。"某项工作很重要，怕交给下属做不好"，我们在访谈中经常会听到管理者这么说。但如果员工一直没有承担过什么关键任务，未来如何能独当一面呢？只有管理者适时放手，员工才有机会锻炼自己的能力；也只有管理者允许员工犯一些可以挽回的错误，员工才有机会去挑战自己，获得突破。

管理者担心下属能力不足而导致任务失败，其实往往是因为管理者自己不想面对失败。越是过去一帆风顺、无往不胜的管理者，越容易这样，他们往往只经受得住赞美，而经受不住批评。因为害怕失败，所以管理者宁愿把事情牢牢抓在自己手里，不愿冒一丝风险。

在第 3 章介绍发展策略的时候，我们提到过固定型思维和成长型思维两种模式⊖。具备固定型思维的人更倾向于相信人在某一领域的能力是不变的，在

⊖　德韦克.终身成长 [M]. 楚祎楠，译.南昌：江西人民出版社，2017.

面对挑战的时候往往会选择回避，拒绝犯错的可能，把失败仅仅看成失败，而不是一次难得的学习机会。具有成长型思维的人则正好相反，他们相信能力是可以提高的，更愿意迎接挑战，敢于尝试和犯错，能够从失败和负面评价中学习、提升自己。管理者想要成长，就要学会用成长型思维去面对失败。

在帮助企业选拔管理人才时，我们发现企业高管通常很看重一个人是否经历过挫折，关注他们在面对重大失败和逆境时的表现。高管认为一个人需要有失败经历，才有能力和勇气去应对企业经营中的种种难关，才能被委以重任。如果候选人过往的经历一帆风顺，没有遇到过什么失败和挫折，那么他在担任更重要的管理职位之前，通常会被安排到亏损的业务或部门轮岗，用一场逆境之中的翻身仗来证明自己。可见，失败经历是管理者职业生涯中一笔宝贵的财富，有助于管理者看清问题的真相，认识自身能力的不足，进而找到前行的道路。但如果害怕失败，不愿承担可能的风险，也就在某种程度上拒绝了发展的机会。

讨人喜欢 vs. 接受被人讨厌

初为管理者，没有谁想扮演一个令员工讨厌的角色。有的管理者会用减少工作量、降低工作难度的方法向下属示好，希望以此建立良好的上下级关系。短期来看这种做法可能是有效的，下属会感谢你体恤他们的辛苦，认为你是一个能和下属同甘共苦的好领导。但长此以往，当下属发现自己的能力得不到提升，发展空间受限时，他们就未必会继续感谢和认可你这个管理者了。

不想为难员工的管理者有时是因为害怕产生冲突，宁愿自己多花时间把事情做完，也不想因为工作安排与下属产生矛盾。但合格的管理者从来都不是"老好人"。管理者是在资源有限的情况下，高效调动资源去完成团队目标，做出业绩贡献的角色。在推动工作的过程中，不可避免地要面对矛盾和冲突。如果期待一份没有人际冲突的工作，最好的选择是一开始就不要做管理。有这方面苦恼的管理者可以去学习冲突管理相关的课程，把事情本身的冲突和人的关系区分开，利用解决冲突的技巧来维护关系，减轻自己的心理负担。但代替下属完成他们的本职工作，一定不是解决矛盾和冲突的正确做法。

| 小　结 |

1. 管理者要多做自己该做的事，少做或不做不该做的事。

- 员工现有能力可以完成的任务，要坚定不移地交给员工去做。
- 员工"跳一跳"能完成的任务也可以交给员工去做，同时管理者要提供必要的辅导和资源支持。
- 员工能力差距较大但有意愿去挑战的任务，如果有试错的空间，管理者可以和员工一起做，并承担失败的风险。

2. 忍住，让员工去思考和解决问题，避免接过原本属于员工的"猴子"。

- 不要直接给员工答案。
- 用提问的方式启发员工，让员工思考下一步如何行动。
- 让员工为工作任务负起责任来。

3. 不要做"超人"，放平心态。

- 对团队多一些耐心，不要为了快速达成目标而代替员工完成工作。
- 通过帮助团队成长获得新的成就感，不要因为无法站在舞台中央的失落感，就选择自己做事，和下属竞争站回舞台中央的机会。
- 不要因为害怕失败就不敢冒险放手让下属尝试，要给员工犯错空间，并学会把失败当成自己和团队学习的机会。
- 不需要通过代替员工做事去刻意讨好下属，得有把任务派给员工后被讨厌的勇气。

第 9 章

要事第一：目标取舍的智慧和勇气

很多时候工作没有成效，是因为一开始的工作目标就有问题。有时候是没有弄清楚工作目标就开始行动，导致在执行过程中方向跑偏，执行越到位，离目的地反而越远。有时候是对于多个目标缺乏重要性区分，在不重要的事情上浪费了太多的时间，却对更重要的目标投入不足。

管理者对目标的选择和设定，直接影响整个团队的工作成效，因此需要对此有清晰的思考和明智的判断。

优先投入更重要的事

我们一起来想象这样一种场景：新的一年开始，一个销售管理者有好几个目标要达成。这些目标包括：①完成 3000 万元的销售额，其中新产品销售额达到 300 万元；②新客户开发数量超过 50 家；③在重点行业取得突破，与至少三个行业的头部客户合作；④提升团队人员的效能，人效至少提高 30%。面对这些目标，如果你是这位管理者，会如何安排自己和团队的工作呢？

管理者一天只有 24 个小时，团队成员的数量和能力短期内也不会发生太大变化，这就意味着管理者拥有的资源是有限的。如果对每个目标平均用力，则分摊到每项工作上的资源就会被摊薄，最终只会导致工作结果全面平庸。更高效的做法显然是区分目标的重要性，优先为重点目标投入资源，做到"要事第一"。那么，如何识别工作中的"要事"呢？

找到重要的 20%，持续投入

广为人知的"二八原理"同样适用于管理者的工作安排，20% 的工作任务对应着 80% 的工作成果。因此，找到自己工作中更重要的 20%，就是管理者高效开展工作的关键。

对于研发工作而言，洞察市场和客户的需求，找到产品的差异化优势，制订合理的研发计划可能是重要的 20%。对于销售工作而言，建立和维护与重要客户决策人的良好关系，为客户设计针对性的解决方案可能是重要的 20%。对于管理工作而言，制定并沟通工作目标和计划，对核心员工进行辅导和反馈等可能是重要的 20%。

不同的企业和岗位有不同的工作重点，无法完全穷举，但可以通过几种简单的方法进行识别。

第一种方法是"向上看"，也就是与公司高层、上级领导的目标对齐。他们日常在哪里花更多的时间，经常过问哪些工作，更关注哪项工作的进度，这些往往就是你工作的重点。

第二种方法是"向外看"，即优先考虑与客户利益密切相关的工作。著名管理学家德鲁克在《管理的实践》[⊖]一书中指出，创造顾客是企业的目的，顾客决定了企业是什么，当顾客愿意付钱购买企业的商品和服务时，企业才能获得商业回报。相比上级关心的事情，与客户利益相关的事情更是你应该优先关注的"要事"。

第三种方法是理解公司在考核和晋升时的侧重点和导向，公司的考核指标和晋升要求会透露出重要的信息，有利于把握住重要的 20%。例如，有的公司会明确规定管理者只有培养出所在岗位的后备人选，或者成功向其他团队输出优秀人才，才能获得晋升资格。这种晋升制度透露的信息，就是要求管理者把人才培养作为一个重要的工作目标。

敢于和上级确认目标

一线管理者的重要目标，往往是从直接上级的重要目标分解而来的。有时因为一线管理者掌握的信息不充分，难以准确判断目标的重要性和优先级。这时确认目标最简单的方法就是与上级充分沟通，让上级帮自己明确工作目标。

你需要和上级确认三件事情。第一，从上级角度看，自己手上哪些工作是更重要的；第二，这几项重点工作的优先级排序，并充分讨论现有的资源是否匹配目标的优先级；第三，沟通工作的成功基线，这包括：60 分及格线的标准，以及上级期待你带领团队达成的挑战性标准。

对于新手管理者而言，和上级确认目标可能是一个难点。有的管理者不敢去和上级确认目标，因为担心这样会给上级留下"坏印象"，让上级觉得自己连工作的基本情况都弄不明白。也有的管理者是害怕请教上级会占用对方太多的时间，导致上级发怒和批评自己。

实际上，大部分时候都是新手管理者自己"想太多了"，除了一些确实存在"揣摩文化"的企业，大部分上级都更希望下属能够来主动询问，而不是

⊖ 德鲁克. 管理的实践 [M]. 齐若兰，译. 北京：机械工业出版社，2018.

下属凭单方面的猜测胡乱行动。在有些情况下，上级没有把要求讲清楚，是因为时间仓促，没来得及详细解释工作目标，或者忽略了自己和一线管理者之间存在信息差，以为下属知道。除此之外，如果平时与上级就很少沟通，且为数不多的沟通都是在工作汇报、年终总结等正式场合完成的，那管理者对上级的陌生和距离感更会阻碍他们去和上级确认目标。

这里提供三个实用的建议，帮助你完成向上沟通。第一，让上级做判断题或选择题，而不是做问答题。在向上级提问之前，先说明你的理解或提出你的思路，让上级去选择和判断。第二，持续沟通，让上级及时了解你的进展，纠正问题。上级未必总能把一切问题都想清楚，因此你可能需要先采取行动，等有了初步进展之后再和上级沟通确认，这时你提供的信息也会是上级决策的重要依据，会促进你们就目标和后续重点工作达成共识。第三，换位思考，适应上级的沟通风格。以能够节约上级时间和方便上级决策的方式进行沟通，例如先说结论，再解释原因，突出重点，并准备必要的数据和事实依据等。

避免目标平均主义

第 7 章提到过要警惕完美主义，它会让人模糊重点，无法做到"要事第一"。作为个人贡献者，你可以持续投入精力力争把一项工作做到最好，这种精益求精的投入会助力你成为优秀员工。但成为管理者之后，你要负责的事情是之前的好几倍，你不可能再不加选择地期望把所有事都做到 100 分甚至 120 分。你需要接受有些事情暂时只需要做到 60 分，有的事情甚至可以放弃。完美主义管理者需要学会：

第一，理解自己和资源的局限，接受现实的不完美。管理的水平体现在有限资源下所做出的平衡和最优化选择，而不是追求把所有事情都做到最好。管理者需要看到并接受这种客观现实，把有限的精力投入到更重要的事情上。

第二，学会说不，接受无法让所有人都满意的事实。一线管理者会被外部客户、内部各个部门同事、各级领导的不同要求所包围。完美主义者往往想要让每个人都满意，期望自己能面面俱到，因此很难拒绝他人，容易被别人牵着鼻子走，把其他人的目标当成自己的目标去努力。管理者需要接受的现实是，你一定无法做到面面俱到，需要有所取舍。一旦开始选择，就意味着在满足一些人的同时，也会让另外一些人失望。不要让"害怕别人失望"的情绪左右你的判断，对没有成效和价值的要求勇敢说"不"。

建立长期思维

管理者至少应该为年度目标负责

与个人贡献者相比，管理者的工作影响范围更广、影响时间更久，也需要更长时间才能看到工作成果。因此，评价管理者的工作成效，通常需要拉长时间维度去观察。管理者应该为团队的年度目标负责，考虑一整年业务和人员的布局，并合理安排业务节奏，再向下分解团队的季度目标，安排相应的任务。

管理工作的难点是需要持续在短期和长期目标中取得平衡。短期目标总是更迫在眉睫，也需要管理者竭尽所能才能达成，很多时候管理者根本顾不上长期目标。因此，管理者常常会说"市场是残酷的，我们只能用力奔跑，顾不上想太长远的事"，对于有的一线管理者来讲，如果季度或半年度的业绩表现不佳，就有可能要退位让贤。管理者在这样的压力下，只能为现在"活下来"而努力，顾不上考虑长远的事情。

但"人无远虑，必有近忧"。管理者只关注眼前的目标，缺乏整体和长期的思考与规划，会导致自己的精力和资源分配不合理，对风险缺乏预见和准备，这正是让管理者总是被眼前的急事缠身，忙得喘不过气的一个重要原因。

作为一线管理者，你确实可能需要把大部分精力用于短期目标的实现，但仍然需要留出精力去思考和兼顾长期一些的目标。例如，在年底冲刺时，可以主要投入于完成团队本月的客户回款工作，但也要考虑为明年做些储备和部署，避免过度透支和消费客户，从而伤害了与客户长期的关系。

拉长时间维度评估总体收益

我们观察到，优秀的一线管理者通常会从更长远的角度考虑投入与收益。例如，他们中的一些人擅长长期经营客户，不会为了增加一个订单的金额，一次性把一堆产品和服务捆绑推销给客户，竭尽所能"薅秃羊毛"。他们会给客户规划合理的节奏，追求与客户展开持续、长期的合作，因为他们明白，相比一锤子买卖，长期的经营模式可以使团队获得更大收益。还有一些管理者投资于团队的成长，懂得建设一支优秀的团队才是持续稳定完成业绩目标的关键。

从长期收益的角度考虑工作投入对管理者是有挑战的。一方面，短期收益诱惑大，人们更愿意把精力投入在快速见效的事情上。另一方面，长期收益比较难评估，不能确定是否真的比眼前的收益划算。此外，拉长时间维度后，风险和不确定性增加，人们不喜欢"看不着"和"没把握"的事情，因此长期收益的激励作用不明显，也不能带来足够的动力。

然而，为了实现长期目标而付出的努力有显著的累积效应，每天在上面投入一些精力，虽然短期看不到明显的进步，但日积月累之后就会有显著的成效和丰厚的回报。就像一个人减肥的过程一样，想要激进地在一周内暴瘦10 斤是个短期目标，需要通过严格的节食和大量剧烈的运动才有可能实现，但在短期目标达成之后体重往往会随着饮食恢复常态而反弹。但如果减肥的目标是一个月瘦 5 斤，则可以采取一个相对温和的瘦身计划，适当控制饮食和保持定期的运动。通过长期坚持来实现目标，还有可能养成良好的生活习惯，瘦身效果更彻底且不容易反弹。

动态调整目标的优先级

目标的重要性不是一成不变的，管理者需要主动对目标的重要性进行动态排序，调整精力投放计划。在一线做管理，需要面对来自组织内外部的各种声音，其中不乏影响管理者做判断的"噪声"。就像本章开头提到的那位销售管理者，既面临上级对销售订单金额、回款、利润的目标的压力，还要回答上级对于商机管理、客户拜访等各项销售行为指标的问询。同时各产品线的负责人还期望他达成不同产品的分项销售目标，人力资源部还在催他按时给员工做绩效评分和辅导，并希望他主讲一门销售技能的内训课程。

面对这些要求，管理者应该如何确定现阶段的工作重点呢？

这里提供一个分析工具，帮助你抓住主要矛盾进行突破。一线管理者会面临的所有事情，基本分成管人和管事两大类，可以根据业务紧迫性和团队成熟度来进行区分（见图 9-1）。

如果业务紧迫，且团队成熟度高（象限 1），管理者在"管人"和"管事"这两类事上都得投入，但可以主要通过实战的方式来练兵，让员工通过完成工作任务不断提升自己的能力。如果业务紧迫，但团队成熟度低（象限 2），管理者的首要任务则应该与"管人"相关，得尽快"招兵买马"，并帮助团队快速适岗，让团队的状态达到工作基线。如果这时管理者的主要精力还放在

"管事"上，则不仅难以应付工作，还可能会过度消耗现有的人员，让团队崩盘。

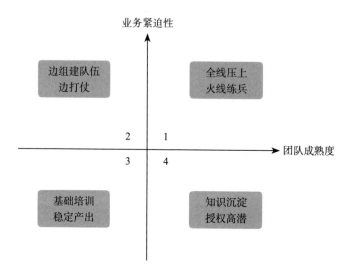

图 9-1   目标动态优先级四象限

如果业务紧迫性不高，同时团队成熟度低，例如新人居多（象限 3），管理者则应该投入于"管人"的工作，做一些基础性的培训，让团队工作能有条不紊地展开，同时也利用现在"清闲"的机会帮助团队做好能力储备。如果业务紧迫性不高，团队成熟度高（象限 4），管理者则可以更多授权给高潜员工，激发他们的活力，自己花更多时间去做经验总结和知识沉淀，把个人能力转化为团队能力，做到"闲时勤练兵，忙时能打仗"。

优先做重要的事情，特别是为短期看不到明显收益的重要事项投入，意味着管理者必须放弃一些习惯和有把握的事情，损失一部分短期收益，还要面对内心的焦虑，但这正是对管理者的考验，是管理者学习和成长的机会，可以为更长期的管理旅程做好储备。

| 小　结 |

1. 良好的开端是成功的一半，在明确目标阶段管理者要做到"要事第一"。

   - 找到重要的 20%，重点投入。

   - 跟上级充分沟通，让上级帮助明确不同目标的重要性和优先级排序。

   - 不要追求面面俱到，得学会取舍，避免目标平均主义。

2. 管理者在完成短期目标的同时，需要考虑如何实现年度目标，逐步建立长期思维。

   - 管理工作本身就是在为长期目标负责。

   - 学会拉长时间维度去评估投入与收益。

   - 根据业务紧迫性和团队成熟度对目标的优先级进行动态调整。

第 10 章

人事匹配：让对的人去做对的事

目标明确后，团队工作的大方向就确定了。接下来，管理者需要做好的重要工作是任务分配，让对的人去做对的事。做好任务分配有两个前提：一是对事情的性质有把握，二是对人的特点有分辨。此外，管理者还需要花心思在任务沟通上，好的团队执行离不开清晰明确的任务沟通，不然执行结果可能会大打折扣，甚至南辕北辙。

根据意愿能力四象限分配工作任务

新手管理者一开始最常用的方式是按照工作量来分配任务，谁有空谁干；或者随机分配工作任务，抓到谁就让谁干。但这显然不是合理的方式，时间一长，管理者会发现团队的忙闲程度不平衡，一部分员工的生产力没被充分运用，还给员工造成了强烈的不公平感。

人事匹配，需要的是根据员工的意愿和能力去安排工作。按照意愿和能力两个维度，我们可以将员工简单分为四类（见图 10-1）。处于象限 1 和象限 3 的员工分别是意愿、能力双高的"明星员工"和意愿、能力双低的"问题员工"，这两个象限的管理策略相对比较明确。处于象限 2 和象限 4 的员工是意愿和能力一高一低的员工，需要管理者多花些心思考虑管理策略。

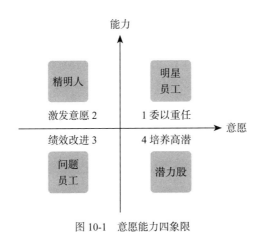

图 10-1　意愿能力四象限

明星员工（象限 1）

高意愿高能力的员工一般是团队里的明星，他们更愿意主动承担挑战性任务，管理者可以放心地把有难度的重要工作交给他们。管理他们需要注意的是：第一，需要给员工匹配与其贡献相应的薪酬回报；第二，需要关注员工的工作负荷，避免让员工因为"能者过劳"而被工作压垮；第三，需要关注工作任务的多样性，不能因为员工擅长某项任务就一直让他做类似的工作，这样会让明星员工产生职业倦怠，或者因为得不到成长而选择离开。

问题员工（象限3）

对于低意愿低能力的员工，管理者首先需要和员工进行绩效面谈，提出明确的改进要求。如果在进行绩效辅导之后，员工仍然消极怠工，甚至散播负面情绪破坏团队氛围，需要尽快进行人员优化，避免造成更大的损失。如果员工愿意改进，管理者在分配任务时，日常应该主要让他们做一些辅助性质的工作，同时结合绩效改善的目标给他们布置任务，有针对性地提升他们胜任当前岗位所需的能力。

潜力股（象限4）

高意愿低能力的员工中可能隐藏着团队中的潜力股，即潜质不错，但因为经验尚浅，能力还没有得到充分历练的员工。管理者在分配任务时仍然需要以他们可以胜任的工作为主，再辅助一些有挑战性的工作来锻炼他们，并且最好能循序渐进，逐步提升挑战难度。同时，管理者需要做好辅导员工的准备，并给予员工一定的试错机会。

这类员工被称为潜力股，是因为他们通常更愿意跟团队和公司一起成长，组织忠诚度更高，行为更符合企业文化价值观的要求。对于管理者个人而言，他们也更有可能成为你的左膀右臂。因为他们是你一手培养起来的，更能匹配你的工作要求，并与你有很高的默契度。

精明人（象限2）

最后一类是低意愿高能力的员工，他们能稳定达成工作目标，但不愿意过于挑战自己。这类员工往往是管理者又爱又恨的对象，因为管理者往往会对他们的能力寄予厚望，但他们可能并不"领情"。在管理者希望他们承担更大责任或直面挑战性的任务时，他们通常不会欣然接受，可能会跟管理者讨价还价，甚至找借口推脱。管理者需要对他们"威逼利诱"，还得时刻督促提醒，非常不省心。

对于这类员工，管理者有两种选择：一是了解对方的工作动机，找到对应的激励方法或者适合的工作任务，让员工愿意主动迎接挑战，提升工作动力；二是坦率沟通，让员工明白在你管理的团队中付出和收获是成正比的，如果只想停留在舒适区，只做自己擅长的事情，不愿意承担更多责任，就无法获得更好的职业发展和工作回报。员工如果不想挑战自己，就要接受在升职加薪时不会有太多的机会。同时，管理者要抓紧时间培养高意愿但能力暂时不足的员工，让其早日成为团队的骨干，减少对低意愿高能力员工的依赖，必要时可以引进新人或竞争机制。但无论采用哪种方法，你都需要注意保持管理的公平性，不能纵容该类员工对工作挑肥拣瘦，否则会对团队氛围造成破坏性的影响。

在现实中，管理者很难拥有全是明星员工的"梦之队"，团队成员的水平通常是参差不齐的，而管理的作用，正是让各种意愿能力组合的员工都可以在团队中找到合适的位置。这就需要管理者能够正确判断员工的意愿和能力，做好人事匹配。

判断员工的意愿和能力

如何判断员工的工作意愿呢？积极的员工很容易被识别，而低意愿的员工通常有两类：一类是积极对抗型，另一类是消极抵抗型。积极对抗型的员工在你分配任务的时候就会直接说不愿意干，或者会找很多理由表达拒绝，有的理由甚至完全站不住脚。消极抵抗型的员工在你分配任务的时候，通常不会直接表达反对意见，但内心是有疑问的或者不认同的。比较常见的反应是，几天过去了，员工都没什么动静，当去询问工作进展时，你发现他完全没有开始行动。管理者只要经过几次工作任务的互动，留心观察员工的表现，就可以对其当前的意愿水平做个初步判断。

对员工能力的评估可采取两种方式: 一种是"问", 另一种是"练", 两者可以结合使用。"问"是指详细询问员工的过往经验, 了解员工主要承担过哪些工作职责, 取得过哪些工作成果, 积累了哪些领域的工作经验。问的时候不能仅仅从字面意思上理解, 因为"负责"和"参与"一项工作任务对员工能力的锻炼存在很大差异, 管理者需要尽可能还原当时的前因后果, 了解员工在其中扮演的角色, 例如具体负责哪几项任务, 采取了哪些行动措施去克服困难, 达成了哪些量化指标等。

"练"是指通过任务来检验员工的能力, 说得再好都不如实践一次, 管理者对员工能力的评估更多还是在工作中完成的。管理者可以根据对员工能力的初步估计布置对应的任务, 在过程中观察员工的表现, 再根据阶段性成果来核实自己对员工能力的判断。就像托福考试的出题规律, 先出几个中等难度的题目, 如果考生答对了, 就增加后续试题的难度, 如果答错了, 就降低难度。通过任务来测试员工能力是一件需要长期坚持的事情, "士别三日当刮目相看", 员工的能力会在完成一个个工作任务的过程中得到提升, 管理者也要用动态的眼光, 发展性地评估员工的能力。

让员工能听懂和愿意做

分配任务并不是机械地完成布置任务的动作, 更重要的是充分启动员工, 让他们能够理解工作要求, 并做出保质保量完成工作的承诺。要做到这一点, 离不开有效的任务沟通, 用员工熟悉的语言让他们理解将面对什么工作任务, 从而获取充分、清晰的信息, 而不是空洞、抽象的任务说明。

第一, 管理者在分配任务时, 不仅要讲"是什么", 更需要讲**"为什么"**。管理者需要做"翻译"工作, 用员工更容易理解的语言进行任务沟通, 向员工解释为什么需要完成该项工作任务，对公司、团队有什么价值，以及对员工个人有什么好处，从而把员工与工作任务联结起来，赋予对方更多的工作意义感。

然而，在实际工作中，这个环节很容易被管理者忽视或简单化，有的管理者会直接转发公司给他的通知或邮件，或者原封不动地转述上级下达的任务，以为员工看一看、听一听就能理解，并且会按照要求去工作。但事实并非如此，一个看似简单的要求在不同员工那里，往往会有不同版本的理解和演绎。之所以会出现这种偏差，是因为管理者和员工之间存在着信息差异，管理者掌握的信息往往比普通员工多。此外，管理者和员工之间也存在知识技能和经验阅历上的差异，多数管理者往往比员工经验丰富，有更全面的背景知识储备。因此管理者在做任务沟通时，要主动做"翻译"工作，用员工能听懂、容易理解的方式去表达，而不是当一个简单的传声筒，把工作任务念一遍。

第二，任务沟通要做到**清晰无误，不遗漏必要信息**。尽管这是基础要求，但管理者有的时候因为工作忙反而会忽略这一点。不能只含糊说一句"这个事情交给你了，很重要"或者"这个事情很着急，你负责一下"，管理者需要说清楚提交成果的时间和质量标准，让员工清楚工作的成功基线，要做到什么程度才是可被接受的。例如，"本周三 18:30 下班前需要把月报发到我的邮箱，按照上个月的报表模板和要求来做"，就比"尽快把月报发给我"要更清晰明确。

特别是对于临时交给员工的工作任务，如果不是员工的常规工作，员工可能会按照自己的想法去行动，导致结果与目标不符。管理者在分配任务时需要提供的信息包括为什么要做这项工作，有哪些不同于以往的注意事项，有哪些参考资料需要提前阅读，有哪些同事在过程中需要沟通，以及可以借助哪些工具来完成工作等。

第三，任务沟通和其他沟通一样，要做到**双向交流**，管理者要关注员工是否真正理解和接受了工作任务。这同样是个沟通的基础要求，但管理者常常容易忽略了员工茫然的眼神或欲言又止的神态。有的管理者会习惯性地询问一句"你还有什么问题吗"，但只得到员工一句"我先试试看"的回答，结果可能会让他大跌眼镜。解决这个问题最简单的方式就是让员工用自己的话来复述一遍工作任务，管理者再对其中含糊不清的地方做重点解释说明。理解不一致的地方双方需要讨论清楚，让问题在任务沟通环节就充分暴露出来。我们在前面已经讨论过下属不敢主动和上级确认工作目标的原因，因此管理者更不应只责怪员工"为什么不早问"，而要主动创造机会帮员工澄清心中的疑问。总而言之，这个环节是值得花时间的。

双向沟通还可以带给员工参与感，鼓励员工自己为工作任务设定成功基线，提出挑战性目标。例如，有的销售管理者会召集团队成员进行头脑风暴，共同讨论如何赢得行业大客户；有的产品负责人会和产品经理共同探讨产品迭代方向等。通过一起讨论怎么解决问题，让员工自己去订立目标和给自己安排任务，比管理者单方面提出要求和布置任务效果更好。

第四，管理者还需要帮助团队成员**明确工作优先级**。这是帮助下属做减法的过程，如果下属同时有多项工作在推进，而管理者又没有告知他们各项工作的重要性，下属很可能会根据自己的理解安排工作，或同时并行多项工作，以致放错重点、工作效率低下。所以，在和下属沟通工作任务时，管理者需要和下属充分讨论他现有的工作，帮助下属明确哪些工作是更为重要的，要求下属投入更多的精力。这样也能给管理者预留一些合理调整团队任务的空间，以防给某位下属的任务过多，而其他下属的工作却不饱和。

不要想当然

我们听过许多管理者抱怨下属工作不得力。一位主管分享了他和新人下属的故事。他交给下属一项不太复杂的任务，因为下属是第一次做，所以他嘱咐下属公司的资料库里有相同类型的材料可以参考，遇到问题可以随时找他或者其他同事。他认为自己的安排已经足够妥当了，结果下属提交的材料只完成了他预期内容的 50%。下属的解释是，他在参考资料中找到两个版本，觉得简单的那个版本更好操作，就决定按简单的版本做。令这个主管不能接受的是，既然找到了两个不同的版本，为什么不询问上级的意见就挑了更容易的做。

类似的事情几乎每一个新手管理者都会遇到，员工往往会在临近任务截止时间时给管理者带来"最后一分钟的惊喜"。明明工作目标说得很清楚了，可对方怎么就是没听懂，一做就跑偏。明明工作方法指导到位了，可对方怎么就是不按指导行事，非要另起炉灶把事情搞砸。明明约定好了工作成果提交时间，员工也做了承诺，到了时间却交不出来东西。

管理者遇到这些状况，往往是因为自己过于"想当然"了。想当然地觉得下属遇到问题就会问他，不问就是没有问题，却忽略了下属是否能做到不懂就问；想当然地认为对自己而言很简单的事，对下属也一样，却忽略了人与人之间的差异。就像案例里那个主管，他觉得简单的任务，对于新人而言却是复杂任务。直接参考同类型文件学习的方式可能适用于管理者本人或者熟练的员工，但对于新人而言，他无法对参考材料进行分辨和取舍，更不会通过借鉴而举一反三，就只能选择自己有把握的方式，挑简单的依样画葫芦去完成，导致成果与管理者期待的完成度相去甚远。

管理者以"想当然"的思路管理团队，是对管理工作的简单化，也是人类大脑的一种思维惰性。我们在第 2 章中提到过心理学家丹尼尔·卡尼曼分析的人脑思考模式[⊖]，因为长时间的专注思考对于大脑是个挑战，为了自我保护减少能耗，大脑更喜欢一种节能状态的工作模式，因此人们在大部分时候习惯于不假思索，凭经验和直觉做事。

⊖　卡尼曼. 思考，快与慢 [M]. 胡晓娇，李爱民，何梦莹，译. 北京：中信出版社，2012.

因此，管理者要让自己不"想当然"，就得费心去观察和分析，对人和事都有清晰判断；同时，还应该给员工创造很多提问的机会，让员工提醒自己，实际情况可能跟自己"想当然"的不一样。例如，有的管理者会保持自己办公室的门始终敞开，让员工能随时找自己沟通。这么一个小小的举动，表达的却是一种欢迎的态度，同时也是一种降低员工和自己沟通难度的有效举措。

此外，管理者需要把自己的注意力留给员工，关注"人"的因素。因为管理者在忙于自己做事时，是腾不出时间关注员工的，因此就难以了解不同下属的意愿和能力，也很可能注意不到员工并未理解自己交代的任务。即使员工在有疑问时想找管理者沟通，也可能找不到人，或者管理者完全没有预留与员工沟通的时间。

避免"想当然"是在抵御自己的思维"惯性"，这也是管理工作最锻炼人的地方之一。练习做好管理的每一件小事，可能都是对自己个性、能力的一次综合考验。对人和事的清晰判断、更有效的沟通，也是通过练习任务分配可以获得的成长。

| 小　结 |

1. 根据意愿能力四象限，完成人事匹配。

- 对于高意愿高能力的明星员工，可以把有难度的重要工作交给他们。
- 对于低意愿低能力的问题员工，需要进行绩效反馈，明确绩效改进方向。
- 对于高意愿低能力的"潜力股"员工，应以能胜任的工作任务为主，同时分配一些"跳起来"可以够得着的挑战性任务来提升其能力。
- 对于低意愿高能力的"精明人"员工，需要适当激发，并保证团队内部任务分配和激励回报的公平性。

2. 可以通过观察、询问、实战三个环节来判断员工的意愿和能力。

3. 在进行任务沟通时，管理者要做到四点：

- 第一，将工作"翻译"成员工更容易听懂的语言，解释清楚"为什么"。
- 第二，清晰无误地说明任务要求，不遗漏必要信息。
- 第三，进行双向沟通，获得员工及时反馈。
- 第四，与员工沟通不同工作的优先级。

4. 管理者要避免陷入"想当然"误区，主动反思自己是否以己度人，忽略了人与人之间的差异，或低估了任务的难度。

5. 管理者要避免"想当然"，应该在行动上向员工展现出欢迎提问的姿态，也需要在工作中多观察员工的行为，了解员工的意愿和能力。

第 11 章

过程管理：把握尺度

我们在为企业提供咨询服务的过程中，经常听到员工对上级持有两种抱怨：一种是认为上级不重视自己，既不提供资源支持工作，也不过问是否遇到了困难，还美其名曰这是授权；另一种意见则是抱怨上级不信任自己，管得太多太细，总是干涉自己的工作，连一个标点符号和错别字都不放过。

我们观察到管理者对下属的不满通常也有两种：一种认为员工不靠谱，布置完任务之后，什么反馈都没有，进度都需要自己主动去问，或者直到出了问题，员工才会找自己去解决麻烦；另一种则觉得下属太过依赖自己，无论大事还是小事都汇报请示，让自己做决定，管理者不发话，就完全没行动。

从员工和管理者的相互抱怨可以看出，做管理，把控好松紧程度是一个关键。

管理是抓与放的平衡

管控四象限

管理者可以根据任务容错率和员工成熟度来把控松紧程度（见图 11-1）。

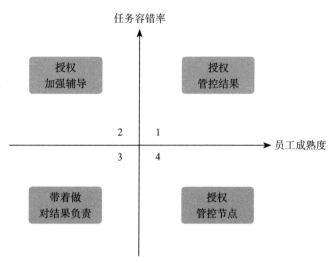

图 11-1　任务容错率与员工成熟度管控四象限

如果任务容错率高，且员工成熟度较高，能够胜任工作任务（象限 1），管理者应该主要抓结果，在过程上可以给予员工更高的自由度。

如果任务容错率高，但员工成熟度较低，尚不能独立完成该项工作任务（象限 2），管理者可以在把任务交给员工负责的同时，给予员工更多的辅导反馈。这样既可以让员工有被信任的感觉，又给了员工支持，能保证工作任务妥善完成，又不至于让管理者过多陷入具体的事务性工作。

对于员工成熟度低，任务容错率又低的情况（象限 3），管理者应该接手工作中最关键的环节，带领员工一起做，分配给员工力所能及的事情，并给出明确的指令。

对于容错率低的任务，即使员工具备完成任务的能力（象限 4），但由于出现纰漏之后难以事后弥补，管理者仍需要加强过程管理，在关键节点进行管控，确保结果可控。

此外，在管控方式和沟通风格的选择上，管理者还需要关注员工的个性特点。对于独立性比较强的下属，可以让其充分表达自己的观点和想法，按照自己的方式去完成任务，避免在不影响大局的细节上纠缠。对于独立性比较弱的下属，管理者需要时常给一些压力，让他学会自己解决问题，或者至少能带着解决方案来寻求帮助，然后让员工试着自己做决定。

还有一种情况需要管理者特别关注，即下属独立性强，但工作能力还不足，这时你们需要约定一个双方都能执行的过程沟通规则。如果下属不能遵守这项沟通规则，暂时就不适合把超出其能力的重要任务交给他负责，否则就会出现"不出事不汇报"的情况，给团队带来不必要的损失。

向微观管理说"不"

每个人都希望结果可控，不喜欢意外发生。但如果管理者不能容忍不确定性，想要掌握一切细节信息，对团队过度控制，就会带来负面影响。

首先，微观管理会占用管理者大量的工作时间，降低了工作效率。对于管理者自身而言，如果长期处于紧绷状态，也容易产生焦虑情绪，对健康不利。

其次，微观管理会削弱员工对于工作的掌控感，进而降低员工的自主性。员工会产生一种心态："本来我是想做的，但你强迫我做，还必须按照你说的方式做，我就不想做了。"管理者和员工在知识技能储备、能力水平、个性偏好等诸多方面存在不同之处，适用于管理者的工作方法未必适合员工，何况客观环境和工作任务也可能存在差异，硬套用一种标准做法很有可能会降低效率，甚至适得其反。

最后，长期采用微观管理的模式，可能会影响管理者自己的职业发展。随着管理层级的提升，管理幅度变大，管理职责变重，管理者需要持续升级能力。一方面要转换思维模式，在更宏观的层面思考问题，这本身就是对微观管理者的挑战。另一方面能力提升需要通过实践锻炼和自我反思来实现，而微观管理者把大量的精力都放在具体任务的执行和监控上，陷入细节不可自拔，很难有时间去完成能力升级。

2020 年因为新冠肺炎疫情，很多公司选择了远程办公，微观管理的工作方式受到物理距离和办公设施的限制，变得非常不合时宜，也难以奏效。但为了确保远程办公的效率，一些公司和管理者接连推出了被员工吐槽的"奇葩规定"，比现场办公时还要变本加厉。例如，工作时间必须全程打开摄像头，一天四次准点在办公软件中打卡，错过时间就算旷工，必须在 5 分钟内回复钉钉或企业微信的消息，在 1 小时内回复邮件等。

这些规定充分反映了微观管理者内心的焦虑。这种类似紧迫盯人的管理方式只会让员工心生反感，丧失工作积极性。在现代的商业环境中，一线员工的自主决策和行动变得越来越重要，赋能员工逐渐成为更多优秀公司的首选。要充分调动员工的主观能动性，首先得给员工一定的自由空间，停止微观管理。

别当甩手掌柜

与微观管理对应，在"天平"另一端的误区是放手不管。一位员工这样描述他的上级："我能试的办法都试了，实在没办法才去找领导，希望他能给我一些有用的建议。但每次他都只是说一些听上去很正确的废话，对解决问题一点帮助都没有。如果只能靠我自己，要领导有什么用？"

职场中有这样一类管理者，他们很少介入具体工作，只会在定目标和催进度的时候出现，不关注员工遇到了哪些具体问题，也比较少关注任务节点的推进和工作方法的指导。当员工遇到困难需要支持的时候，他们通常会提出相对抽象且放之四海而皆准的建议，看似给了指导，但员工很难去落地执行。他们不太喜欢定期开会，也较少定期过问下属的工作进展，只有在事情到了火烧眉毛的时候才会找员工问话。

像这样习惯了当甩手掌柜的管理者容易远离一线工作和下属，会失去对人和事的准确判断能力，钝化对于业务决策和任务分配的感觉。

首先，这样的管理者不能掌握员工的工作状态和真实的能力水平。作为管理者，如果没有定期与员工交流，没有在具体工作中与员工进行配合，就很难掌握员工的工作状态，也难以判断员工真实的工作能力，容易犯"想当然"的错误，导致工作分配不合理。

其次，这样的管理者不能把握工作任务的真实进展，一方面很难及时了解工作中出现的问题，另一方面也难以找出解决问题的具体方法，因此只能像前面被下属抱怨的领导一样，提一些怎么都对的建议，提供不了实质性的帮助。久而久之，下属也很难信任一个在关键时刻帮不上忙的领导。

有的管理者选择做甩手掌柜，是对"微观管理"的一种矫枉过正，认为自己远离一线才能抓大放小，给员工空间。但管理并不是一个坐在办公室，开开会，看看数字和报告的工作，需要管理者躬身入局和付出切实的行动。丰田汽车有一个"现场管理"⊖的理念，强调的就是管理者要更多出现在工作现场，去掌握一线的真实情况，而不是坐在自己的办公室里苦思冥想。

深入工作实际，并不是意味着管理者要直接代替下属工作，而是需要了解下属的工作，知道他们真实面对的工作场景和挑战，以及他们在能力和资源上的瓶颈、需要的支持，并能在关键环节和艰难时刻帮助员工解决问题、渡过难关。即使看似应该"运筹帷幄之中，决胜千里之外"的高管也是如此，

⊖ 大野耐一.丰田生产方式 [M].谢克俭，李颖秋，译.北京：中国铁道出版社，2016.

他们也需要在某些关键环节直接参与解决问题。一线管理者就更没有必要给自己设置一个"不能插手"的限制了。

另一种成了甩手掌柜的管理者，可能是因为跨领域管理的缘故。这类管理者对专业不熟悉，不能马上开展有实效的管理，完全可以被理解。但关键在于管理者接下来如何选择，如果因为担心在下属面前暴露短板，选择保持距离，不深入一线去接触具体的业务，就会逐渐演变为人浮于事的管理，很难再转变过来。但相反，如果管理者能保持开放态度，进入业务，并愿意向下属学习和请教，就能度过跨领域的适应期，让管理工作扎根业务，变得有实效起来。

获得反馈比步步紧盯更有效

管理者想要张弛有度地管理团队，既能掌握团队的执行情况，又能给予团队自由度，可以采取以下这些办法。

定期开例会

开例会虽然看上去是稀松平常的管理手段，却非常实用。会开会，开好会，也是对新手管理者的一个考验。好的例会可以让管理者及时了解各项工作任务开展的进程，了解员工的状态和遇到的困难，对下一步工作的开展做出预判，同时也能让团队成员彼此共享信息，有助于内部协作的开展。开好例会可以遵循以下几个原则。

第一，固定一个时间段，定期召开例会。通常每周至少开一次例会，可以根据不同的业务特点增加会议频率，例如有的销售团队会采取每日晨间站立会和傍晚复盘会的方式。

第二，提前告知会议主题，要求做好准备工作再参会。如果没有临时增加专项主题的讨论，管理者可以设计一个 Excel 表格模板，统计各项工作任务的进度和要点，让大家在参会前把表格填好发给自己。有的公司有项目管理系统或者客户管理系统，也可以要求大家提前填好内容，开会时直接打开系统。再简单一些，也可以准备几个固定的问题，让大家在会前准备好答案，会上直接分享，提升会议效率。如果涉及专题讨论，则要提前布置思考题，要求员工在开会前提交作业。

第三，聚焦重点，不要开超过一个小时的例会。一个小时只是个大概的时间界限，本质上是不要用例会代替任务专项沟通，如果是少数员工需要进行的详细工作讨论，而不是大多数成员都需要了解的内容，建议另外找时间专门讨论这样既可以深入讨论该议题，又能提升例会的效率。

第四，要有结论，落实在行动计划上。例会需要有输出，不然只需要员工把工作进度表格发给管理者就行了。输出的内容除了对前一段工作的总结，还要有对接下来的工作给出的指导性建议，以及明确的行动计划。例如，某项工作下周三需要提交报告初稿。又如，为了了解新产品的市场反应，每个人下周需要拜访 10 个客户，并提交拜访记录。

建立抄送邮件的规则

新手管理者可以和团队约定一个沟通规则，对于日常在工作中使用电子邮件的团队，什么内容需要抄送管理者，什么内容需要抄送团队其他成员，可以提前达成一致意见并提醒下属遵照执行。其实无论采用电子邮件、信息系统还是微信、钉钉等即时通信工具，团队管理都需要有一套信息共享的规则，规定什么内容可以直接发给客户，什么内容需要在上级审核后发送，什么内容需要告知团队其他成员，这样才不会漏掉重要的信息，让管理者或者整个团队陷入被动。

工作进度可视化

找一块白板，将正在推进的工作任务都写上去，标注清楚每一项任务的负责人、任务目标、当前的工作进度，摆放在团队成员都可以看到的地方。也可以找一张白纸填写上述内容，贴在墙上或者会议室的玻璃上，重点是让团队成员都能看到每一项工作任务和每位成员的进度。此外，在每周的例会结束后，及时更新工作进度。这种方法来自丰田汽车的"看板管理"[⊖]，通过过程管理的可视化，让管理者和团队更容易发现问题并采取措施，而且可以营造出一种完成目标的紧迫感。有的管理者在业务冲刺阶段，每天会在微信群里发团队业绩和个人业绩的完成进度来激励员工。这种方式也可以适度运用在日常管理中，让员工能定期看到自己的工作进度，提升目标感。

专项会议讨论

员工天然反感在身后步步紧逼、不断灌输建议的管理者，但是欢迎一个在他需要的时候帮他出谋划策解决问题的上级。对于重要性较高或者周期很长的工作任务，你需要和员工定期召开工作思路的专项讨论会。在会上，管理者应该尽量让员工分享，而自己则更多是以导师的身份去提出完善建议。你可以采用第 8 章提到的启发式提问的方式来引导员工主动思考和分析，而不是仅仅作为上级粗暴地下达指令。

加强非正式沟通

一起吃午饭，在茶水间一起喝杯咖啡，上下班路上相遇都可以使管理者与员工开启一次沟通，管理者可以主动去创造这类非正式沟通的机会。在非正式的场合，员工更容易放松地交谈，也不会打乱团队本来的工作安排。

⊖　大野耐一 . 丰田生产方式 [M]. 谢克俭，李颖秋，译 . 北京：中国铁道出版社，2016.

非正式沟通可以让管理者和员工的互动变成一种日常状态，让管理者收获真实的一线信息。因此，管理者沟通的重点不应该放在询问工作进度或者教育员工上。更好的方式是倾听员工的声音，甚至是吐槽，以此去了解员工在工作上的困难和当前的状态。这种非正式沟通并不都能用团建替代，特别是对于新生代员工而言，正式的团建活动如吃饭、唱歌更像是工作之外还需要陪领导娱乐，可能并不能帮助管理者拉近与员工的距离。

| 小　结 |

1. 根据任务容错率和员工成熟度选择不同的管控方式，避免一刀切。

   - 对于容错率高的任务，如果员工成熟度高，可以让员工放手去做；如果员工成熟度低，则需要加强过程辅导。
   - 对于容错率低的任务，即使员工成熟度高，管理者仍需要管理过程中的关键节点；如果员工成熟度低，这项任务应该由管理者自己负责，带着员工一起完成。

2. 在过程管理中要避免陷入微观管理，变成"控制狂"，也不能放手不管，做一个远离团队的"甩手掌柜"。

3. 过程管理更有效的方式是设置合理的信息沟通反馈机制，管理者可以通过以下方式获取需要的信息。

   - 定期开例会。
   - 建立抄送邮件的规则。
   - 工作进度可视化。
   - 开展专项会议讨论。
   - 加强非正式沟通。

| 第 12 章 |

VUCA 时代需要敏捷执行

　　成为管理者后，"计划赶不上变化"会成为一种工作常态。客户的需求、上级的要求、下属的情况，都存在着各种变数，会随时打乱管理者制订好的工作计划，让管理者疲于应付，恨不得自己生出三头六臂。

　　处于 VUCA[⊖]时代，管理者除了努力去找到适应变化的方法，主动调整自己的节奏，似乎没有其他更好的选择。对于当下的管理者而言，按部就班地做好执行还不够，还要"敏捷"（agile）。

　　"敏捷"的概念来自软件开发领域，指的是通过多次迭代循序渐进地趋近于目标的工作思路。"敏捷"的核心思想是尽快得到阶段性的产出，获得终端用户的反馈，调整优化，然后多次循环。目的是避免闭门造车——工作完成

──────────────────

　　⊖　VUCA 是 volatility（易变性）、uncertainty（不确定性）、complexity（复杂性）、ambiguity（模糊性）的缩写。

了才发现与用户的需求不一致，或者客户需求发生了变化，而工作方向没有及时得到调整。

这样的工作思路尤其适用于 VUCA 时代的执行管理。

以终为始

敏捷的核心不是快，而是以终为始，抓住关键矛盾，避免被旁枝末节干扰。学生参加考试时，老师会强调先易后难，不要在难题上花太多时间。但管理工作可能恰恰相反，适合先完成最关键可能也是最难的工作。因为考试中容易的题做对了，你能得到分，至少可以先努力争取及格。但在工作中，如果关键问题得不到解决，你拿再多"小分"，也仍然没有达到目标，意义寥寥。硅谷产品大神马丁·卡根在《启示录：如何创造用户喜爱的产品》中提出的敏捷开发第一条原则就是"首先解决掉风险，而不是放到最后"。这条原则也适用于执行管理。率先处理对最终结果会产生极大影响的关键问题，优先投入资源，才是更聪明的工作思路。

不过，这种工作思路对于很多管理者而言是个挑战。

它可能会挑战一些人已有的思维惯性和工作习惯，他们可能还是更喜欢按部就班的节奏和稳步推进的线性工作模式，而不习惯多次迭代循环这种螺旋式推进的工作模式。

敏捷执行还可能会挑战一些人的目标感。他们可能还是很难割舍一些"有会更好"或者"也可以有"的事物，被形式或细节分散了精力和资源。但敏捷执行要求管理者始终瞄准目标，把精力聚焦到对达成目标有价值的事情上，除此以外，皆是"噪声"。

○ 卡根.启示录：如何创造用户喜爱的产品 [M].朱月俊，高博，译.2 版.北京：中国人民大学出版社，2019.

　　我们在这里用一个案例来展现敏捷执行的思路。想象一下，你要负责为企业建立一个人才数据中心，可以把员工的人事、考勤、薪酬、绩效考核、晋升发展等信息都放到这个数据中心统一管理，最终为每位员工建立一份数字化档案。这样一来，管理者在选人、用人的时候，就能轻松找到符合他们要求的员工，这种清晰的人才视图可以辅助管理者进行人才决策。你会如何开展这项工作呢？

　　一种是按部就班的线性工作思维。通常从构建一个大系统开始思考，按照系统的要求去梳理和规整对应的各种员工信息，然后把信息都导入这个系统。最后建立管理者想要看到的各种人才档案和人才视图。

　　这种工作方法看上去很合理，把每一步都做了扎实的规划。但是从软件开发上线的工作量和实施节奏来看，所有工作完成至少需要一年。如果企业的规模较大，或者企业的组织架构复杂，这项工作的复杂程度可能会呈几何级数增加，全部完成需要数年。有时候项目负责人甚至还没等到系统上线就已经离职了。

　　我们现在试一试换成敏捷迭代的工作思路，从最终用户的需求和结果出发。先明确公司高层最终希望看到的人才档案和人才视图，反过来看需要哪些关键信息和数据，再去规划接下来的工作，这时就会发现并不需要去开发一个包含所有人和全部人才信息的系统。以尽快获得一个小成果为目标，先聚焦高层关注的关键人群，选取一部分人员做试点。按照这种思路，通常借助一个相对简单的系统，或者只是应用一个插件，抓取核心的数据，在 3 个月左右就能看到成形可用的系统，让企业高层看到一个关键人才的数据中心，并且包含人才档案和人才视图。何乐而不为呢？

产出最小化可交付成果，获得反馈，不断迭代

　　敏捷执行要求每一个阶段都有可见的工作成果，管理者和员工可以针对

阶段性成果展开讨论，调整工作方法，修改工作成果，而不是空对空地聊概念。例如，如果你要推广一个新产品，则首先需要拿着基础的方案，呈现出产品的价值，设法获得第一批客户，再根据客户的反馈去进一步调整推广策略，形成初步的营销方案，然后进一步推广，获取更多的客户，继续修改完善，如此循环，而不是在还没获得第一批客户前，花过多时间去设计和反复修改营销方案。

敏捷执行是多个工作闭环的组合，每一个工作闭环的终点都是一个可交付的成果，并且不同于简单的分阶段工作，下一个工作闭环都是上一个工作闭环的进化版，工作模式几乎是重复的。在上面的例子中，营销方案—获得客户—优化方案，每一个循环都是在做这几个动作，但每一次输出的结果都是上一版本的优化。

如果团队可以按照敏捷的方式开展工作，作为管理者的你可以更清晰地掌握团队执行的状况，让管理有抓手。任何管理者都不希望团队成员关起门来闷声憋大招，自己完全控制不了局势也无处入手去干预，忐忑等来的结果只有惊，没有喜。

更重要的是，管理者的每项工作都是有最终用户的，可能是你的直线上级，也可能是其他团队。工作结果的价值有多大，只有最终用户说了算。因此，尽快拿出可见的结果，获得最终用户的反馈，才能帮助你把工作导向正确的方向，而不是远离目标。尤其是面对当前这个多变的市场环境和高速发展的知识领域，团队内部可能再也没绝对的权威和专家，凭借过往经验判断工作的可行性和价值的方式不再适用。快速产出快速验证，让客户和市场"教做人"，才是更聪明的工作方法。

最后，在当前这个多变的环境中，想要一次性做到100分的工作思路是很致命的。这会让管理者始终停留在计划和准备阶段，迟迟不能开始行动，而一骑绝尘奔向100分的完美执行方案在现实中是不存在的。工作任务越复杂，过程细节越思考不清，风险越难预料，执行路径就越模糊。不断迭代，先做到 60 分，再优化到 80 分，最后不断迭代趋近于 100 分的思路，才更高效和实用。就像 Facebook 贴在办公室里的一句宣言所说，"完成优于完美"（doing is better than perfect），好的工作成果需要迭代，而不是期待一次性取得完美的结果。

保持计划的弹性

计划要有留白

无论做周计划还是日计划，都给自己预留 20% 的机动时间，不安排具体的任务，特别是不能塞满不重要的事情，把留白时段用于应对可能会出现的临时任务，或者就只用于思考。这么做的目的，是让管理者的时间更有弹性，不至于被各种任务挤压得完全没有自己的时间，从而能专注于一些重要但不紧急的事情。

工作时间的留白对于管理者是至关重要的。因为，如果人太过忙碌的话，就会变"笨"，这一观点来自美国哈佛大学经济学教授塞德希尔·穆来纳森和普林斯顿大学心理学教授埃尔德·沙菲尔所著的《稀缺：我们是如何陷入贫穷与忙碌的》[⊖]。时间稀缺会导致"带宽"不足，"带宽"指的是人的计算、关注、决策、执行和抵抗诱惑的能力。被事情塞满的管理者不会有时间思考，也逐渐不再有能力思考，只能按照"惯性"行动，陷入穷忙状态。这也是管理者做不到以终为始、敏捷执行的原因之一，不是陷入具体执行细节之中，就是按部就班地机械行动，难以瞄准目标。要打破这个怪圈，管理者需要在制订计划时给自己留白，不要把自己的时间表塞满。否则很可能就只是看上

⊖　穆来纳森，沙菲尔. 稀缺：我们是如何陷入贫穷与忙碌的 [M]. 魏薇，龙志勇，译. 杭州：浙江人民出版社，2014.

去非常勤奋，却把时间都花在了并不重要的事情上，没有什么成效。

学会说"不"

有的人之所以想成为管理者，是认为成为管理者之后，自己的工作能有更大的自由度，不再被别人安排。但当真正成为管理者之后，他们却发现自己反而更加不自由了。过去做个人贡献者的时候，只需要接受上级安排的工作。现在变成了经常被上级、同事和下属安排工作，更难以掌控自己的时间。在这种情况下，有的管理者选择"自暴自弃"，认为自己没有别的选择，只能被动应付外界的变化和各种临时需求。

管理者想要赢回自己的时间，首先得学会说"不"。我们已经在第9章介绍了"要事第一"的原则，每一件新增的临时任务，无论它来自上级、同事还是下属，你都需要将它和自己原来排在更高优先级的工作任务进行快速比较，再根据比较结果把新任务放在合适的排序上，如果它算不上重要的任务，自己和团队也没有更多资源去完成，就需要坦诚地拒绝对方。拒绝不是不合作，也不是推诿任务。管理者要为团队的工作结果负责，而团队的产能、时间和精力都是有限的，所以管理者有责任让团队以最优化的资源运用模式去开展工作，也有权利拒绝对达成团队结果无益的一切其他任务，同时承担拒绝带来的结果。管理者因为人情、面子或自己不懂拒绝，而给团队揽下一堆额外任务，是对团队非常不负责任的表现。

正确地说"不"，合适的拒绝方法可以参考以下三个步骤。

第一，复述对方的要求。这样做的目的是让对方感受到他的请求被倾听，主要信息已经被你接收到了。如果对方情绪有些激动，你可以适当共情对方的难处，表达你是理解对方的。

第二，解释拒绝的原因。过程中注意与对方保持正面的目光接触，沉着冷静，避免带着情绪进行沟通。

　　第三，坦诚说"不"。态度要坚定，表达要明确，不能含糊其词，导致对方以为你并没有拒绝，还有商量的余地。

　　此外，如果你不打算全盘拒绝对方，可以在说"不"的同时给出一个双方都可以接受的折中方案。例如，本周五无法提供协助，但下周二可以协调出资源来解决问题；又如，不能直接参与方案执行，但可以用半小时与对方探讨行动建议。

｜ 小　结 ｜

1. VUCA 时代需要敏捷执行，核心是以终为始，抓住关键矛盾。

2. 产出最小化可交付成果，尽早获得最终用户的反馈，通过多次迭代来更聪明、高效地工作，完成比完美更重要。

3. 制订有弹性的工作计划，给自己预留 20% 的时间用于应对临时出现的重要任务或者就用于思考，避免被不重要的事情塞满日程表。

4. 管理者要敢于说"不"，赢回自己的时间。具体可以参考以下三个步骤。

- 复述对方的要求。
- 解释拒绝的原因。
- 坦诚说"不"。

| 第 13 章 |

复盘让管理实现闭环

　　带领团队把任务完成，并不是完结，还缺少一个容易被忽略的环节——复盘总结。复盘是来自围棋领域的一个术语，是指一盘棋结束后，棋手复原整个棋局的全过程，反思自己和对方下棋的思路，思考下次对弈的策略。这种方法同样适用于管理，例如联想集团很早就已把复盘作为一个重要的管理方法论，强调及时对工作进行总结，从而做出优化和改进。

　　管理者带领团队进行的复盘可以分为两类：一类是仪式感比较强的专项复盘，例如战略客户的竞标经验总结、重要项目结项后的专题讨论、专项技术成果的回顾分享等；另一类是工作中随时可以展开的日常复盘，例如拜访完客户后在楼下与下属进行简短的拜访回顾，例会中结合过去一周的重点工作进行阶段性总结等。

别用行动上的勤奋掩盖思想上的懒惰

有一些"急性子"的管理者，总是让自己处于忙碌的状态，没时间听别人的反馈，也没有时间留给自己停下来想一想。他们时常挂在嘴边的说法是："想那么多干吗？先做再说。"这类管理者的行动力是一流的，凭借这种实干精神也确实能够闯出一片天地。但如果想要在管理这条路上走得更远，光有干劲可能还不够。

另外，还有一些"懒惰"的管理者，习惯吃老本，按照惯性工作，到后期往往会遇到瓶颈。我们在合作过的诸多企业中，经常能观察到一类只善于埋头苦干而不会总结复盘的管理者，他们因为固守自己的经验而没有反思和成长，最后在职业发展的路上越来越吃力，逐渐被环境淘汰。

这类管理者带领的团队很可能会形成类似的工作风格，反复在同一个地方跌倒，或者重复低效的劳动。这是因为没有人去思考提升效率的方法，导致整个团队都处于一种"穷忙"和低效的状态。

复盘为管理者提供反思的空间

我们在给企业做管理培训时，常被管理者询问如何解决一些具体的管理问题。我们尝试在这种情况下不直接给出答案，而是反问管理者本人是如何思考的。结果发现，通常他们会开始还原问题，并一点点说出自己的想法。然后他们发现，自己完全有能力思考和解决。只是在问出问题之前，他们自己并没有认真思考过。这是很多忙忙碌碌的管理者的常态，因为深陷于接踵而至的问题，很少跳出来思考，渐渐地就变成了按照惯例去工作，低水平地重复劳动。

复盘是一个可以让管理者暂时停下来，从具体事情中抽身出来，专注思考的方法。很多时候人"不识庐山真面目"，是因为自己"身在庐山中"。从具体事情跳出来之后，管理者可以有更多的角度来分析问题，发现自己让团队做了哪些无用功，或是用了哪些错误的方法，导致团队效率低下，从而更有机会找到改进的方法。特别对于新手管理者而言，如果能在管理初期就养成复盘的习惯，可以打下良好的基础，避免养成了坏习惯而不自知，在错误的路上越走越远。

复盘是团队改进和提升的原点

我们发现，管理者感到很累，可能是因为团队经常会重复犯一些错误，或是明明有成功经验或现成的方法，但不少员工仍然自己摸索和尝试，消耗了大量的时间和精力，还很可能会失败。出现这些问题，通常是因为团队缺乏经验沉淀和信息共享，未能把员工的个人经验转化为团队的经验。

复盘可以让团队共享信息，把少数人的经验转化为团队共有的财富。通过复盘，一方面可以发现过去做得不妥当的地方，找到问题原因，制定改进方法，让团队"长记性"，避免反复踩坑；另一方面，也可以发现团队做得不错的地方，提炼出可以强化的动作，或是改进现有的工作方法，让团队有所提升。

复盘是对管理者和团队的综合锻炼

要想复盘取得效果，管理者和团队都要做好准备。

第一，管理者和团队成员之间要有信任基础。面对失败，大家敢于说真话，不怕暴露问题，也愿意共同为团队其他成员解决问题。否则就会变成吐槽大会，彼此推卸责任，或者虽然表面一团和气，但并没有什么收获。

第二，管理者要有足够包容的心态。复盘中每个员工都会有自己的观点，可能未必与管理者的观点一致，甚至完全相反，这时管理者要允许员工说出自己的想法。在复盘的过程中，管理者尤其需要保持开放性，引导大家积极沟通，而不是着急回应或评价员工的观点，这样才能保证复盘有充足的输入，让员工有参与感。

第三，管理者要有能力对团队讨论的各种信息进行总结提炼，在众多可能的原因中找到问题症结，并形成一套可以被团队成员复制的工作方法。

因此，复盘也是对团队信任关系、沟通氛围、管理者能力的一个综合锻炼。没有这些基础，很难使复盘真正达到效果。

让复盘成为管理的日常

日常复盘的作用是帮助管理者更好地完成过程管理。例如，主管陪同销售人员进行了一次客户拜访，在拜访完之后，就可以现场与员工进行复盘，讨论销售进展情况和员工在拜访中的表现，提出改进建议，并明确下一步的策略。每周开工作例会时，管理者可以针对某项重要工作任务发起阶段性复盘，让大家回顾任务取得了哪些进展，遇到了哪些问题，并共同探讨提升效率的方法。

日常复盘的关键在于及时和精要

及时是指趁员工还处在任务情境中的时候进行复盘。因为工作都是有实际工作场景的，回到工作场景中复盘，员工更容易投入，更少出戏。以客户拜访为例，有的时候管理者和销售人员会把客户拜访排得很满，上家结束了马上跑下家，等傍晚回到公司再讨论客户，或者等开周例会时再复盘，往往就错过了复盘的最佳时机。更好的方式是在拜访完客户半小时之内，管理者和销售人员快速对这次客户拜访进行回顾，这时大家的记忆都还是鲜活的。在回顾中，管理者要倾听销售人员对本次拜访的反思，并就其表现好的地方和不好的地方给销售人员进行辅导反馈，而不仅仅是告诉对方下一步该怎么根据客户的需求撰写方案。

精要对于日常复盘也非常重要。日常复盘时间有限，员工很难消化吸收长篇大论的观点。因此，日常复盘每次都应围绕关键点展开，最好聚焦于一个亮点或一个改进点。如果对工作结果有很大影响，必须做出两处以上的改进，就需要管理者帮助员工定义优先级，而不是灌输一大堆内容让员工自行去选择判断。

利用例会进行高效复盘

在第 11 章，我们提到了管理者可以借助例会收集必要的信息，让自己掌握各项工作推进的进度。例会同样是进行复盘的好时机，不少公司采用晨间站立会或者傍晚复盘会的方式，对前一天或当天的工作进行总结，指出下一步工作需要注意的地方。比起单个任务执行中一对一的即时辅导，例会虽然在时效性上略逊一筹，但有更充足的时间用于沟通对话，团队信息共享也更充分。

此外，在周例会和月度例会中进行复盘的时候，管理者可以结合自己平时的观察，提出几个重要的话题让大家展开讨论，并阐述自己的观点和管理要求，以便使团队对问题和下一步行动计划达成共识。管理者也可以提前私下征询团队成员的意见，从困扰个别员工的问题中发现一些有共性的话题，在会议上展开讨论。

由此可见，推动执行的几个要点之间也是相互联系的，形成闭环之后能产生更好的效果。如果没有平时对员工行为的观察和过程管理，复盘总结就像无源之水，只是走个形式，不能真正解决实际问题。但如果只有平时的观察和思考，没有通过复盘把知识经验沉淀下来，个人智慧也很难变成团队智慧，无法帮助整个团队提升工作效能。

专项复盘带来持续改善

我们在这里分享一个案例来介绍专项复盘。一家制造型企业为了在行业大客户的年度竞标中胜出，销售团队、售前团队、项目团队和技术研发团队组建了专项小组，还建立了超过 30 人的微信群，每天都在里面讨论客户提出来的各种问题。原本他们认为这样应该就十拿九稳了，最终却是一个完全没预料到的竞争对手赢得了订单。

同样的事情在这家企业发生了多次，到底是哪里出了问题？销售团队启动了竞标复盘。

通过复盘，团队还原了当时的情况。竞标对象是一个有多年合作基础的老客户，但客户项目的负责人变了，客户的业务也在转型，对供应商所提供的产品和服务有了新的期待，但竞标团队还是在按照"老客户"的惯例响应客户。发现了这一点，销售团队才意识到自己在"老客户经营"上存在很大的问题，亟须改善。第一，在机会判断上，老客户换了对接人以后，就应该把老客户当成新客户一样去经营。第二，在方案制作上，需要进行模块化处理，这样才可以根据不同的客户需求进行快速组合，既做到个性化，又能提高方案应答速度。

通过这个案例，我们可以总结出专项复盘的几个步骤。

第一，从多方视角**还原事实**。面对复杂任务，每个人可能都只掌握了一部分信息，而且也都会受各自立场的影响，对事情的看法可能都存在偏颇。因此，在复盘讨论中，如果大家都只发表自己的观点，而不去还原事实，就会变成各说各话，这样是无法发现问题的根本原因和达成共识的。此外，站在单一立场所发表的观点也很容易被认为是指责，使复盘现场变得火药味十足，最后大家就只是在维护自己的立场，而没人在乎如何改善了。所以管理者在组织复盘的时候先确定一个"不回应、不评价"的规则，引导大家先还原事情本身，多说观察到的现象，多说数据，而不要做主观的判断和评价。

第二，**分析问题根因**。这一环节需要管理者带领团队分析问题的原因，直面自己的能力短板和工作失误。

管理者可以参考的问题分析工具有很多，例如麦肯锡的六项思考帽、鱼骨图等。这里介绍一种简单易行的方法，它是来自丰田汽车的经典管理方法——"五个为什么"⊖，同时，在分析过程中可以配合"真的吗""还有呢"这两个经典问题组合使用，通过不断追问"为什么"来抽丝剥茧，最终找到问题的根本原因。

以前文中竞标失败的案例为例，管理者可以追问的"五个为什么"包括：

第一个"为什么"：为什么我们会竞标失败？

答：因为竞争对手的方案比我们的更适合客户。

第二个"为什么"：为什么竞争对手的方案比我们的更适合客户？

答：因为竞争对手抓客户需求抓得更准。

第三个"为什么"：为什么竞争对手可以比我们更准确地抓住客户需求？

答：因为他们更重视客户的需求，而我们没有仔细研究客户想要什么。

第四个"为什么"：为什么我们没有仔细研究客户的需求？

答：因为这是个老客户，我们已经有成功合作的经验了，这次续约就没有去仔细研究客户的需求。

第五个"为什么"：为什么不用仔细研究老客户的需求？

答：因为我们假设老客户的需求不会变，只要复制原来的经验就可以了。

刚开始使用这种方法时，可能不一定能顺利找到问题的原因，管理者需要反复应用，或提出更多的问题去引导团队思考。如果过程中出现了明显敷衍或者可能有偏差的答案，管理者还可以多问几句"真的吗""还有呢"，来引

⊖   大野耐一 . 丰田生产方式 [M]. 谢克俭，李颖秋，译 . 北京：中国铁道出版社，2016.

导团队深入和全面地思考。

第三，总结经验，**制订行动计划**。在做复盘时，管理者应该坚持一个原则：无结论，无行动，不复盘。以前面竞标失败的案例为例，管理者可以要求服务期超过一年的客户，每年都要更新客户档案，并且在对接人和客户业务有所变化时，必须像对待新客户一样，重新进行需求分析，并落实到客户分析表和业务规划中。

此外，专项复盘和其他会议一样，需要提前安排好流程和内容（见表 13-1）。

表 13-1 专项复盘流程

阶段	说明
复盘准备	1. 邀请利益相关的对象参与复盘，如果缺少某位同事就无法还原事件的主要事实，或者落实解决方案需要某位同事的参与，就应当邀请对方参与 2. 提前通知复盘主题和需要思考的问题，布置参会"作业"，让参与者带着自己的思考和参与会议的资料来复盘 3. 提前通知复盘会议的流程和时间安排，让参与者预留好时间，避免中途离场导致复盘结果无法落地执行
复盘会议	1. 主持人介绍复盘会议的安排和讨论原则，强调复盘不是论功行赏，也不是惩罚批判某个人，重点在于总结经验，指导下一步工作 2. 正式复盘 第一步：还原多方事实 第二步：分析问题，找到根因 第三步：总结经验，制订行动计划，明确各项任务的负责人和跟进机制
会后跟进	1. 通过邮件等正式沟通方式向参会人员发送复盘会议记录，抄送其他利益相关者 2. 根据行动计划，任务负责人在例会上同步进展

| 小 结 |

1. 复盘让管理形成闭环，为管理者提供思考的空间，也是团队改进和提升的原点。

2. 成功的复盘要求管理者和团队成员建立信任，保持开放、包容的心态，并有能力从过往的实践中提炼出规律性的结论，指导行动。

3. 复盘可以作为日常管理的工具，要做到及时和精要，才能保证良好的复盘效果。

4. 专项复盘可以帮助团队及时总结失败教训，沉淀成功经验。专项复盘分为还原事实、分析问题根因、制订行动计划"三部曲"。

制订你的发展计划

关键跨越	行为构面	行为表现	是否要提升
推动执行	明确目标	为工作设定明确的目标及衡量标准	
	建立共识	将团队目标与个人目标及收益相联系，使员工认同	
	形成计划	分解目标，建立阶段任务，明确优先级和工作重点	
		制订计划时将变动因素考虑在内，事先准备应对方案	
	过程管理	察觉员工遇到的问题和挑战，及时采取措施干预	
	支持保障	合理配置资源，确保任务开展具备必要的资源支持	
		帮助团队解决在关键时刻或艰难环节遇到的问题	
	复盘总结	进行阶段性评价和回顾任务执行情况，指导改进和总结经验	
具体行动			
检验方法			

———

第四部分

关键跨越三：辅导他人

| 第 14 章 |

辅导他人，亟待提升

当成为管理者后，你会发现要持续出色地达成团队目标，只靠自己一个人会独木难支，团队能力才是你在工作中持续取得成功的前提。所以，你能否辅导下属使团队能力得到提升就至关重要。然而，我们通过领导力的调研却发现，管理者不仅很少在辅导上投入时间，也很少真正具备辅导的能力。辅导他人可能是新手管理者尤其需要重视，又最难提升的一项能力。

要发展辅导他人的能力，你需要正视以下两个问题。

第一，掌握辅导的技能对于新手管理者而言并不容易。首先，你要能分析员工的现状，帮他们明确未来的发展目标，并激发他们的发展动力；其次，你要能针对他们的短板因材施教；最后，你还需要通过给予员工反馈，让员工认识到自己的问题，促使他们改变。

这当中的每一件事情，对你而言都是全新的课题。你可能会发现：你希望员工不断挑战和提升自己，但是他们好像心不在焉；你已经把解决问题的方法事无巨细地告诉了员工，但是他们仍然不理解；你已经一针见血地指出了员工的不足，但是他们并不认同。在辅导下属时，你需要不断地解决诸如此类的问题，才能帮助员工成长。

第二，尽管你投入了不少的精力和时间去辅导员工，但往往不会很快见效。即使你已经把做事的方法清楚地告知了下属，但仍然无法达到预期的效果。这会让你有很大的挫败感和无力感，也会让你感觉到自己在辅导下属上的投入和产出并不"划算"。于是，有的管理者可能不太愿意去辅导他人，甚至还会退回到自己习惯的"单打独斗"的模式中去。

辅导下属不是能立竿见影的工作，因此，对员工的成长周期和成果有正确、合理的预期，也是你需要学习的事情。在辅导员工这件事上，你要以发展的眼光看待问题，思考问题要有一种长期思维，并能耐心等待员工的成长和改变。

在如今这个 VUCA 时代，辅导他人是身为管理者的你必须具备的一项能力。

首先，你只有不断提升团队能力，才能应对多变的环境和新的要求。面对组织架构和岗位内容的不断变化，以及业务目标的高增速要求，团队能力越强，你才越游刃有余。如果你迟迟无法提升团队能力，那么你就是整个团队能力的上限。当公司和业务快速发展和变化时，你难免会独木难支。

其次，你需要提升自身的辅导能力来满足员工的成长需要，特别是你已经开始面对大量的"90 后""95 后"员工。很多对新生代员工的调研都反映出，"90 后"员工非常看重在工作中能否得到成长和发展，他们关注能否"得到上级的指导，在职场中获得能力提升"等发展因素，并且他们对公司和上级也更缺乏耐心，一旦认为你无法帮助他们提升，他们会很快选择去别的环境寻找机会。因此，作为管理者，你如果不能快速提升自己的辅导能力帮助下属发展，你甚至可能无法保持团队的稳定。

最后，对于你个人而言，如果你想要提升自己的领导力，成为一名优秀的管理者，也必须在辅导工作上加倍努力。正如著名实业家稻盛和夫所言："领导者必须时刻将下属的利益和幸福放在心间，能够怀揣爱心，出于协助下属获得成长的愿望对他们进行指导。只要领导者本着善意和关爱之心进行指导和培养，其下属就必定能够获得成长和进步，并且在这个过程当中，不仅是下属，领导者本身也会因此而获得升华。"⊖你在成就下属的同时也是在修炼自己。

提升辅导他人的能力，重点在于要做到以下关键四步。

辅导员工的关键四步

投入时间

投入时间是管理者辅导员工的第一步，你需要真正把自己的时间和精力，投入到对员工的观察和沟通以及指导和反馈上。对于作为新手管理者的你而言，时间不够用是工作的常态，在辅导上投入时间的难点在于你需要在紧急和重要的事情之间做出取舍。这体现在，工作繁忙时，你是否仍然会坚持抽出时间给予团队反馈；当辅导的时间和其他事情冲突时，你是否会随意调整辅导的时间等。所以，在辅导上投入时间，需要改变的是你过去以短期结果为导向的时间分配方式，学会从自己和团队的长期发展目标出发思考问题，并以此管理自己的时间。

需要提醒的是，有些管理者习惯把"团队发展"和"能力提升"挂在嘴边，却没有切实的行动。更有甚者，有的管理者不仅自己没有投入时间去辅

⊖　稻盛和夫．活用人才 [M]. 喻海翔，译．北京：东方出版社，2013.

导员工，还以"恨铁不成钢"的态度指责员工没有学习。这些都是你需要警惕和避免犯的错误。事实上，员工能非常直接地通过你的投入程度来判断你是否重视他们的提升与发展，上述行为不仅会打击员工学习和发展的积极性，更会破坏你与员工之间的信任关系。

明确目标

通过辅导帮助他人提升是一项系统工作。在某种意义上，辅导他人和你完成其他工作任务相似，最重要的就是在开始之前先确定目标。明确的发展目标既可以帮助员工在提升自己时有的放矢，又可以有效地激发员工的发展动力。所以，在辅导员工时，你要有非常清晰的工作思路，梳理清楚达成发展目标的关键任务，进而明确对员工行为表现的期待。例如，"我期待我的员工在今年能提高客户续约率，学会为客户提供契合其需求的解决方案"，就远比"我更期待我的员工能够提升客户思维，为客户创造更多价值"更有发展的指向性。

另外，你还需要了解员工对工作的期待以及对自己的认知，与他们就发展目标达成共识。人才管理成熟度较高的管理者往往会在与员工沟通发展计划之前，先引导员工思考自己的优势和短板，以及对未来发展的期待，并投入大量时间去了解员工。所以，你在辅导他人之前，要控制自己快速做决定的冲动，先停下来，确认一下真实情况，听一听员工内心的声音。这样，才能让辅导员工发展有一个大家共同认可的起点，以及一个相对明确的终点。

反馈与指导

在辅导开始之后，你会遇到很多现实的困难。例如，有的员工与你还没有建立起信任关系，在辅导沟通时不太会给你什么反应，更多时候是沉默不语；有的员工会表现得非常负面和沮丧，没有提升和改变的动力与信心；有的员工态度很积极，但是缺少有效的行动，看似很努力却没有什么实质性的进展。要解决这些问题，就需要你真正了解员工在成长中遇到的问题，并在辅导中平衡好感性和理性，既能关注员工内心的感受和想法，及时开导他们，激发他们自我发展的动力，又能理性地分析他们当前所欠缺的知识和技能，给他们明确的示范和指导。

这里的难点是，你的每个下属都有各自不同的特点，有的人踏实稳重，习惯循序渐进地提升自己，但苦于不知道正确的做事方法；有的人敢于尝试，不怕犯错，但缺少策略；还有的人缺乏自信，容易气馁。你需要了解他们每一个人，并且采用适合他们的方式方法。

跟进与评价

为了确保员工在辅导中能够有所提升，你还需要做好跟进与评价。人的改变远远慢于事物的改变，管理者只有持续跟进与评价员工的表现，才能及时发现存在的问题，并采取相应的措施。做好跟进与评价有三个关键点。第一，坚持。员工的改变和成长不是一蹴而就的事，管理者长期投入，持续跟进员工的表现至关重要，不然只会让你的辅导半途而废。第二，还原工作现场，聚焦关键行为。跟进的目的是基于辅导目标，了解员工行为的改变，以及时干预和指导。因此，你需要聚焦员工最为关键的行为，而非"胡子眉毛一把抓"，看到员工的表现稍不符合期待就去加以干涉。第三，正确地给予表扬或批评。当你发现员工表现好时，正确的表扬能有效地帮他们固化行为，并提高他们的积极性；同样，当他们出现偏差时，及时且有针对性的批评能让他们认识到问题所在，从而有效地持续促进员工提升。

新手管理者在辅导上容易陷入的三个误区

在刚开始辅导工作时，新手管理者往往会投入很多时间，但是辅导效果不尽如人意。如果你也出现类似的情况，那需要警醒自己，谨防进入辅导的误区。

理想化

促进他人发展是一件特别有意义的事情，也因此，新手管理者有时会过度美化辅导工作，使他们陷入"理想化"的误区。这时管理者会有三种具体的表现。

第一，辅导目标脱离业务实际。过于"理想化"的管理者在给下属制定目标时容易只看未来，不顾当下。管理者会把自己对未来的想象作为员工当下的发展目标，这使他们在辅导员工时只给员工提供"高大上"的培训和分享，而不能针对员工当前的实际问题给予有效的指导。这种方式不仅无助于员工提升，还会消耗员工的学习热情。

第二，假设每个员工都是积极主动的学习者。"理想化"的管理者在辅导时容易想当然地认为下属非常渴望自我提升，因此，他们容易忽视对下属意愿的评估，一味地给下属布置发展任务，这可能会让下属感到不堪重负，或者心生抗拒。

第三，辅导过于形式化。在辅导中，适当的仪式感有助于激发员工自我提升的热情。但"理想化"的管理者容易在仪式感上投入过多精力，却不对如何帮助下属提升做深入探讨。例如，有的管理者会设计辅导项目的口号、设计启动仪式等，却不对发展任务做实操性探讨，完全偏离辅导的目的。

对帮助他人成长有热情，有助于管理者辅导下属。但需要谨记，辅导就像其他管理工作一样，必须结合业务需求和员工现状，否则就是在做无用功，没有实质价值。

以自我为中心

辅导应该是管理者与员工充分沟通和互动的过程，而不仅仅是管理者单方面的灌输。这就要求管理者在辅导时要从员工的视角来思考问题，反之，就容易陷入"以自我为中心"的误区。

"以自我为中心"典型的表现是忽视员工与自己的差异。比如依靠自己摸索成长起来的管理者，就容易以为只要给员工锻炼的机会，员工就可以快速提升；受到过上级无微不至指导的管理者，也会习惯性地针对各个细节给予员工指导；非常理性的管理者会想当然地认为辅导就是告诉员工应该怎么做，员工只要执行就可以，而不会在意员工的感受。但是，显然每一个员工都是不同的，管理者如果只照搬自己的经验，很可能不会取得相似的效果。

当员工的发展遇阻或者不如管理者预期时，"以自我为中心"的管理者还容易武断地认为是员工的问题，而不是从自身寻找原因。事实上，成功的路径多种多样，如果管理者不能客观地分析问题，从成功经验中提取规律和方法，而只是依样照搬，则无法提升自己的辅导能力。

急于求成

新手管理者过往多以执行力见长，他们能快速而高效地达成目标。所以，在辅导下属时，他们也容易急于见到自己的辅导成果。但是，人的成长是渐进和缓慢的，如果对人的成长期待与对待事务一样，就容易陷入"急于求成"的误区。急于求成的管理者容易有以下三种行为表现。

第一，容易急躁。"急于求成"的管理者在辅导员工时，一旦员工达不到自己的期待，就容易感到失望。他们甚至在辅导现场表达自己的不满意，给员工很大的压力，增加员工的挫败感。

第二，急于给员工下定论。管理者辅导员工，首先要相信员工可以改变，可以成长，但"急于求成"的管理者会过快给员工定性，只要员工没有明显进展，就认定员工没有发展潜力。

第三，会快速丧失热情。"急于求成"的管理者习惯于以短期结果来衡量自己的投入。因此，如果员工没在他们有"耐心"的周期内取得成果，他们就会很快把注意力转换到他们认为更有价值的事情上去。

当开始做辅导时，你需要意识到人的改变是复杂的过程。就像管理者自己学习辅导员工需要长期的历练一样，员工提升自己的能力也并非易事。所以，正向看待员工在辅导中出现的问题，对员工成长多点耐心，是你必须学会的。

| 小　结 |

1. 辅导员工的关键四步。

- 投入时间：坚持在辅导上投入时间，切实帮助团队提升。
- 明确目标：以绩效目标为导向，了解员工现状，和员工就发展目标达成共识。
- 反馈与指导：在辅导现场，直面挑战，提升员工的积极性，帮助员工解决问题。
- 跟进与评价：跟进与评价员工的表现，评价他们的行为进展，并通过正确地批评和表扬他们，帮助他们更好地提升。

2. 新手管理者在辅导上容易陷入的三个误区。

- 理想化：辅导形式大于内容，不考虑业务需求和员工现状。
- 以自我为中心：只从自己的想法出发，忽视员工与自己的差异，遇到问题不是从自身寻找原因。
- 急于求成：对员工的成长没有耐心，辅导员工时容易急躁，急于给员工下定论，难以持续投入。

| 第 15 章 |

辅导的开始：如何投入时间

走上管理岗位后，你必然面临比之前更忙碌的工作状态。这其中最直观的感受就是，自己好像要变成超人：你不仅要执行，还要制定目标和计划，监督与跟进；你不再只是聚焦本部门的工作，还需要配合其他部门，和更多部门进行沟通与协调；你不再是按部就班地做事情，而是需要处理各种突发的情况。在这种繁忙的工作状态中，时间将是你最宝贵的资源。所以，辅导下属的第一个挑战就是你要学会厘清工作思路，从忙碌的工作中，找到可以用于辅导员工的时间。

不给自己找借口

我们经常会问管理者，当工作非常忙碌的时候，是否还会在辅导上投入时间。大部分管理者的回答往往是："我知道自己要去辅导下属，但是工作太忙了，我也没有办法。等这段时间忙过了，我会把团队提升作为接下来的工作重点。"但我们知道，这样回答的管理者很可能将处于不停"救火"的状态，忙于解决各种问题，而不会在辅导上投入时间。因为他们并没有真的正视自己的问题，没有意识到自己应该也可以去改变现状，而只是一味地归因于外部环境。

停止外归因

管理者为自己没有辅导下属找的很多理由，都是一些如"没有时间""突发事件"等外部因素。管理者习惯于外归因的一个原因是，当其从心里认为自己应该辅导员工，但是实际上没有做到时，归因于外部可以帮助自己建立起"我是不得已才没有去辅导下属"的合理认知，以减轻自己心理上的负疚感。[⊖]

另一个原因是，有些管理者认为无法掌控自己的时间。即使他们安排好了要与员工沟通，也总会被随时出现的各种人和事所打扰，一旦调整和推迟过很多次后，辅导计划也就会不了了之。尤其在新手管理者刚上任时，他们更容易把自己时间的控制权交给别人。谁催得紧，就优先完成谁的工作，自己不太会做判断。

对于这类有些"无助"的新手管理者而言，想要拿回对自己时间的控制权，首先就需要停止外归因。你得先认知到这是自己工作规划和时间管理的问题，而不是其他任何人让你"没有选择，没有办法"，你才可能改变现状。是否能够投入时间去辅导员工，首先取决于你自己的选择，接下来就是学会规划和管理你的工作，赢回属于你自己的时间。

⊖ 刘永芳. 归因理论及其应用 [M]. 修订版. 上海：上海教育出版社，2010.

赢回自己的时间

有一位销售管理者和我们分享过她的经历。在上任之初，她面临着很多管理者都会遇到的情况，很有挑战性的业务目标、完全不了解的全新客户、能力参差不齐的团队等。她也曾为此制定过团队发展和客户经营的规划。但慢慢地她发现，情况完全没按照她最初规划的方向发展，自己总是在应对各种突发情况。例如，员工会临时来向她求助，帮助拜访客户的高管。上级领导又在提醒她说总部下发了新的要求，需要尽快提交相应的报表。同时其他部门的同事也在找她讨论，希望她支持他们的培训。在面对这些事情时，她考虑的是只要行动够快，尽快解决问题，就可以有时间去做下一件事。然而结果却是她永远都有做不完的事情，完全无从脱身。用她自己的话说，"计划赶不上变化，现在每天忙得焦头烂额，也不知道这种日子什么时候是个头"。

"越努力，越忙碌"的问题出在哪儿呢？当管理者期待通过更快地解决问题来赢得时间时，他们是将管理问题简单地理解为了一种单线程的任务——只要提高效率，就能更快完成任务，为下一个任务赢得时间。但事实上，当你走上管理岗位之后，你面对的问题往往是网状交织的系统化问题。[⊖]只提高做事效率，而不去思考为什么出现问题，无法为自己赢得更多时间。比如上述例子中的销售管理者，她要解决的问题是如何带领团队取得成功。这需要她通盘考虑所有客户的情况、企业的业务重点和策略、市场环境和竞争对手等多方面内容，进而确认自己的工作重点，评定事情的优先级。如果她只是逐一处理每一个迎面而来的问题，抓不住问题的症结，则只会让自己深陷在忙碌的工作中无法脱身。

要赢回自己的时间，你需要深入思考影响团队目标达成的因素，并以是

⊖　圣吉 . 第五项修炼：学习型组织的艺术与实践 [M]. 张成林，译 . 北京：中信出版社，2009.

否有利于持续达成团队目标为原则，拒绝与目标无关事务的干扰，把更多时间投入到重要的事情中。比如上述例子中的销售管理者达成团队目标的关键在于关键客户的经营以及团队人员的成长。其时间投入也应该以此为原则。

此外，当他人希望占用你的时间时，比如下属求救，同事请求帮忙，甚至是上级的工作安排，你还需要避免立刻答应。我们建议的方式是你更多去权衡利弊：自己投入的时间到底能给对方带来多大收益？你自己的收益又是什么？对后续的工作会有什么影响？是不是有人比你更合适？是不是只有这一种解决问题的方式？事实上，很多事情并不是非你不可，慢下来想一想，会有更好的问题解决方式。

坚持做重要的事

员工的改变不是一蹴而就的，也因为如此，很多管理者会对辅导失去耐心，半途而废。但其实，你每一次帮助员工答疑解惑，每一次给员工示范正确的做法，都会给员工带来影响，你只是需要投入更多一点耐心和时间。

辅导的功夫体现在你日常点滴的投入。好的辅导是与日常工作结合，润物细无声的过程。例如，管理者经常有机会和员工共同完成工作，比如销售管理者要和员工一起拜访客户，职能管理者要审阅员工提交的提案，研发管理者要和员工开会讨论技术问题等。这些你和下属共同完成工作的时刻，都是你辅导员工的最佳时机。你可以从中观察到员工的工作表现，了解到员工有待提升的地方；你可以通过与员工复盘工作，给员工直接的反馈和指导；你还可以分享你在面对相似问题时自己的经验，让员工得到启发。所有这些工作都不需要你特意留出大段额外的时间。事实上，你完全可以将辅导过程融入日常管理工作中。

在养成习惯的最初阶段，你可以列一个辅导他人的行为清单（见表 15-1）。

短则每天，长则每周，甚至每月，给自己留出一点私人时间，思考自己在辅导上做了哪些事情，并在表格中打钩。这种方式既可以作为对自己的提醒，也可以作为对自己辅导工作的总结。比如，如果你发现自己只做到了行为1（鼓励员工提升自己）和行为2（给员工提出发展要求），那么你就需要反省自己平常发展口号喊得多，但实际的辅导行为做得少。如果你在行为4（向员工分享新的知识）上做得多，其他方面做得少，那么你就要注意自己是否有去了解员工的实际工作情况，是否理解他们真正的发展需求。

表 15-1   辅导他人行为清单

1	是否鼓励员工提升自己	
2	是否给员工提出发展要求	
3	是否向员工分享成功或失败的经验	
4	是否向员工分享新的知识	
5	是否给员工工作反馈，指出员工需要改进的地方	
6	是否给员工提供思路上的指导	
7	是否给员工做工作示范	
8	是否观察到员工的行为变化	

按照二八原则分配辅导精力

当你开始真正在辅导他人上投入时间后，你就需要开始思考如何投入自己的时间才会更有效。你的团队中通常会有三类员工：一类是特别优秀的员工，他们在工作上常常不需要你操心也能取得很好的结果，甚至能超出你的期待；一类是表现相对稳定的员工，他们的工作表现中规中矩，不会出太大的问题，但是也少有惊喜；还有一类是有待提升的员工，他们的经验或能力不足，还无法达到团队的平均水平，仍需要提升自己。当面对这三类员工时，你应该如何投入自己的时间？

管理者的常见做法是：在有待提升的员工身上投入更多的时间和精力；

但对于特别优秀和表现相对稳定的员工，管理者则会认为他们已经能够胜任工作，不再需要特别关注，因此对这两类员工的辅导非常有限。管理者这么做其实并不是产出最大化的选择，而更像是出于一种照顾"弱者"的考虑。

事实上，辅导并不仅仅是为了帮助员工成长，还是为了更好地完成团队目标。因此，我们更希望你把辅导当成一种投资行为，以让团队获得更大收益为目标，合理评估和投入你的时间与精力。

因此，你需要更多关注团队中的优秀员工。

第一，提升优秀员工会使团队的收益更大。基于二八原则，团队中 80% 的业绩往往由核心的 20% 的员工所贡献。比如，优秀的销售人员要负责更重要的客户，业绩贡献也往往是一般销售人员的好几倍；优秀的研发人员则会承担更艰巨的研发任务，甚至决定着公司产品的命运，而一般员工则可能更多只是在做一些辅助性的工作。团队的整体绩效更多取决于优秀的员工有多优秀，而不在于绩效差的员工有多大进步。所以你把更多时间投入到优秀员工身上，才能够极大程度地提高团队的上限。

第二，优秀员工更需要辅导。相较于绩效有待提升的员工，表现优秀的员工往往经验丰富、业务熟练，工作中一般的问题也难不倒他们。这就意味着他们要进一步提升，需要去承担更具有挑战性的工作任务。在这一过程中，他们更需要直接上级跟进工作表现，给他们启发、反馈、指导和鼓励。工作表现差强人意的员工面对的则是一般的工作问题，可以通过系统性的知识和技能培训，以及资深员工带教等方式帮助他们。

辅导优秀的员工会有更高的收益，也因此，识别出团队中真正优秀的员工就至关重要。我们建议你在对员工做判断时特别注意以下两点。

第一，业绩结果不是唯一的分类标准。

管理者在判断谁是优秀员工时，常见的做法是以业绩结果为参照。尤其是销售团队，往往更习惯以成败论英雄。但是绩效结果的影响因素有很多，绩效结果并不等于能力。很多时候因为资源到位，或市场利好，销售人员就会有不错的业绩表现，但这并不代表销售人员的个人能力突出。所以，你更要关注的是员工的业绩结果是否真的与其能力有直接关系。

以我们的经验，如果要通过绩效结果来判断员工是否优秀，需要从两个方面来考虑：其一，员工的行为表现是否具有持续性，即是否在较长的一段时间内持续表现好。当你评估员工时，如果参考员工的绩效结果，就需要跟进其两到三年间的整体表现，而不仅仅是一年的绩效结果。其二，员工的行为表现是否具有一致性，即是否能在不同的环境下都有好的表现。比如很多企业在选拔干部时，会在人才标准中加入"该员工在不同岗位、不同区域有任职经历"，或者在判断员工的销售能力时，也会看重其是否在新客户开拓、大客户经营等多种类型的客户经营上都能取得成就。因为只有这样，你才能排除外部环境因素的影响，对员工的能力做出准确的判断。

第二，聚焦当下，但也需要关注未来。

我们前面说过，辅导员工就像投资。聪明的投资者在做投资决策时，不会把所有鸡蛋都放到一个篮子里，他们往往既关注当下，又关注未来。你在对员工做判断时也需要秉持同样的思路，不仅需要根据当前的工作要求评估员工的表现，也需要考虑员工未来发展的潜力，否则你的团队将难以应对未来的工作挑战。比如，研发管理者在带领团队时，如果仅从当下来看，优秀员工就是擅长解决专业问题的员工。但是如果你同时考虑未来团队可能面临的变化，比如要承接更多研发项目，你就需要考虑有管理能力的副手，这时你在定义"优秀"时，就需要考虑在团队中谁更有管理潜力，比如是不是善于协作，是否具有组织能力等。

因此，你在对员工的未来潜力做判断时，可以从两个方向来思考：一是员工在专业方向上发展的潜力，二是员工在综合管理上发展的潜力。前者的判断对于曾经是业务专家的你来说并不困难，但后者的判断对于新手管理者来说则会有一些挑战。这里你可以参考我们在管理潜力方面的研究。你在判断员工的管理潜力时可以从"践行抱负""敏锐学习""人际通达"和"跨界思考"四个方面来思考。这四个方面虽然略有些抽象，但是只要你在工作中对员工多加观察，就不难判断。我们在表 15-2 中列出了高潜力员工的行为表现，供你参考。

表 15-2　高潜力员工的行为表现

善于学习	展现出强烈的好奇心、学习愿望和探索精神
	定期回顾自己的工作，反思需要改进的地方
	借鉴已有经验和做法，举一反三
追求卓越	渴求达成更高的目标，不断自我挑战和超越
	一直用高标准严格要求自己，追求做到最好
善于思考	运用思维框架快速梳理出脉络，形成分析思路
	能结合当下和未来，从长远和发展的角度考虑问题
	能抓住局部与整体的关系，通盘考虑问题
团队协作	信赖同事，乐于与同事分工协作
	主动与同事分享信息、知识、经验和资源
	出现问题时，专注于解决问题，而非指责他人

| 小　结 |

管理者进行辅导的第一步：切实有效地在辅导上投入时间。管理者要注意：

1. 不为自己没有在辅导上投入找借口。

- 正视自己没有辅导员工的现状，思考自己要如何改变。
- 相信自己可以决定自己的时间，并为自己的时间负责。

2. 找到问题的症结所在，避免陷入"越努力，越忙碌"的处境。

- 管理者面对的问题是系统性问题，单一的问题解决思路会起到反效果。
- 评估自己的行为会对团队产生的影响，通过辅导提升团队能力，从而建立自己在工作中的正向循环。

3. 坚持在辅导上进行投入。

- 辅导更需要细水长流的投入，考验的是管理者是否能坚持。
- 管理者需要有意识地培养自己的辅导习惯，可以通过诸如"辅导他人行为清单"的方式提醒自己。

4. 基于二八原则分配自己的时间。

- 管理者辅导员工时需要以团队的产出最大化为目标。
- 表现优秀的员工更值得，也更需要管理者的辅导。
- 只关注绩效表现不佳的员工，容易让其他员工感到不公平。
- 有效分配时间的关键在于准确地对员工进行分类。
- 管理者在评估员工时，要同时关注当下工作和未来工作的要求。

第 16 章

明确目标，促进绩效达成

设定明确的目标是开展辅导工作的重要开端。好的辅导目标可以清晰地展现出你对员工行为的期待，指引员工规划接下来的发展行动。合理的辅导目标需要满足企业的需要，符合员工的意愿，并适配员工当下的能力水平（见图 16-1）。

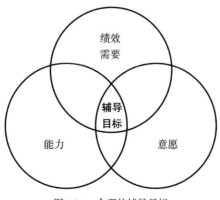

图 16-1　合理的辅导目标

合理的辅导目标需要满足以下三点。

第一，促进绩效提升。

第二，和员工达成共识；

第三，辅导目标可评估、可实现。

辅导目标要促进绩效提升

聚焦绩效目标，寻找问题

以促进绩效提升为前提意味着你需要先思考：辅导目标对团队当下的工作目标有没有直接影响。因此，你需要梳理员工的绩效目标及影响绩效目标达成的相关因素。最为有效的方式是聚焦员工主要的绩效目标，并梳理影响其更好达成目标的因素。

这里我们以一位销售管理者的例子做一个示范。对于销售工作而言，业绩（销售额）＝商机数 × 商机转化率 × 销售单额。因此，销售管理者想要改善员工 A 的业绩表现，就需要从这几个影响因素着手。通过相应的数据对比（见表 16-1），可以发现员工 A 的问题是：

（1）商机数多，但商机转化率较低。

（2）业绩高于团队平均，但平均销售单额较低。

表 16-1　销售数据对比

	销售额 / 月	商机数 / 月	商机转化率	销售单额 / 月
2019 年员工 A 的销售数据	14 万元	8	25%	7 万元
2019 年团队平均销售数据	12 万元	5	30%	8 万元
2020 年员工 A 的销售目标	16 万元			

　　由此可以分析出，员工 A 的问题可能在于商机判断、大客户跟进和产品服务的价值呈现，勤奋有余，但缺少有效的方法。这时管理者就可以从一个点入手，帮助员工提高商机转化率或销售单额。

　　需要提醒的是，对于职能管理者而言，从员工绩效出发去制定辅导目标会更有挑战性。因为职能员工的工作往往不好量化，缺少明确的数据指标作为参考。我们遇到过很多职能管理者在给员工制定发展目标时，只能泛泛地提出"要有更强的业务视角""要更有协同精神"等要求，这些要求有的过于超前，或者对具体的改善行动缺乏指导性。职能管理者可以从员工当下最为重要的工作内容入手，具体问题具体分析，梳理出影响员工表现的问题症结，从而制定出一个可行且有用的辅导目标。

还原工作现场，明确员工现状

　　以绩效目标为先，还意味着你在制定辅导目标时需要考虑员工的实际情况，以真正找到员工现状和目标之间的差距。我们曾经见过一位销售管理者，其一直希望把自己的销售团队打造成专业的顾问型销售团队。因此，在制定发展目标时，他希望员工可以理解客户的业务，分析客户的商业模式，并从中找到客户业务的痛点。但团队的现状是，大部分销售人员尚不能找到客户的关键决策人，或者即使能建立联系也无法很好地展开对话。这位销售管理者希望辅导销售人员分析客户的业务的辅导目标就犹如"镜中花，水中月"，很难落在实处。

　　你在制定辅导目标时还要避免陷入"以自我为中心"的误区。有些管理者会觉得"我当年就是这么过来的"，想当然地基于自己的经验给员工制定辅导目标。但是，此时非彼时，员工的意愿和能力也与管理者不同。因此，你需要明确当下员工的现状，否则难以制定有效的辅导目标。

要明确员工在工作中的现状，只是坐在办公室里基于片段信息做推论，或者基于自己的主观经验推测都不可取。对此，有经验的管理者往往会亲自和员工一同到工作现场去看一看，实际观察员工是如何开展工作的。比如销售管理者会陪同销售人员拜访客户，也有的技术管理者会实地观察员工如何解决技术问题。但是，在不同的工作场景下，员工所展现的行为会有所不同。所以在跟进员工的表现时，你要有针对性地选择与行为直接相关的场景，并且该场景对于员工有一定的挑战性。比如前文中所述的销售管理者，如果想要了解员工在商机转化上的行为表现，就要选择商机转化阶段，以及需求相对多样或复杂的客户。

在观察员工的工作表现时，你还需要谨记自己扮演的是观察者的角色，并在必要时用纸笔记录要点。比如当你陪同销售人员拜访客户时，你要记录下属如何应对客户的疑问或挑战，如何挖掘客户的需求；当你陪同研发人员讨论技术难题时，你要记录他的技术思路，是否有创新，是否有深度。你有可能会发现下属的表现并不完美，但是你要控制住自己，不要立刻介入或打断员工的工作，因为这样会失去观察他们完整表现的机会，你也会因此而错判员工的问题。

你可能还会遇到缺乏合适时机观察员工行为表现的情况。这时你可以退而求其次，通过相对间接的方式去了解员工的表现。有些经验丰富的管理者会通过情境模拟或总结汇报等方式来评估员工的工作表现。比如销售管理者发现最近没有很值得和销售人员一同去拜访的客户，那么销售管理者就可以自己扮演客户，让销售人员演示如何了解客户的需求并提供解决方案；有些市场管理者会让员工总结过往的市场活动，以此来了解员工的整体思路等。

这些方式操作起来可以非常灵活，也更有针对性。但是员工在模拟演练或工作总结中的表现并不能完全代表他们在真实工作中的表现，甚至基于实际工作的观察也不完全。因此，有的管理者还会收集其同事、客户等多方的反馈，360 度地还原员工的工作现状。在收集反馈时，一方面，你要找与员工有直接工作接触的人去了解信息；另一方面，你要注意多收集具体的事例，而非泛泛的看法。无论是正面还是负面的评价，你都需要追问一句"具体有什么表现"。最后，你还要时刻提醒自己，避免先入为主，或只基于片面之词就对员工做判断。

深入分析，找到关键因素

通过将对员工的期待和员工现状进行对比，可以初步明确员工需要提升的内容，但这还不是具体的辅导目标。如果在这时就急于制定辅导目标，会使目标不聚焦，甚至还会有所偏差。这里仍然以章首提到的销售管理者为例，当销售管理者通过销售数据找到可能的问题原因，发现销售人员可能在商机判断或价值呈现上存在问题时，需要结合对员工日常表现的观察，进一步明确原因。这时销售管理者就可能发现，销售人员的问题在于对客户需求的判断不准，特别是当客户需求比较复杂时，更习惯于把需求简单化，只给客户推荐标准的产品和服务。此外，因为对客户需求探索不足，对商机的判断就不准确，导致虽然商机数较多，但事实上有质量的商机有限，因此商机转化率低，销售单额也提不上来。

这时管理者要制定清晰的辅导目标，还需要进一步挖掘原因，探寻究竟是什么导致员工出现这些问题。一般而言，影响员工行为表现的因素主要有两个，分别是意愿和能力。当员工缺少足够的意愿但有能力时，你会发现员工偶尔会有不错的表现，但不稳定或不持久。当员工缺少能力但有意愿时，你会发现员工虽然很努力，但工作结果达不到你的要求。

如果要进一步判断员工的能力，你应该更多参考员工在面对挑战性任务时的行为表现，因为这样更容易暴露出员工的问题。比如例子中商机转化率低的销售人员，管理者要判断其分析复杂客户需求的过程在哪些关键环节上有所缺失。

在判断员工的意愿时，你需要多观察几个不同的情境和事情，才能了解员工真实的态度。这时你就需要找多方人员收集信息，才能确保员工不是因一时状态影响，或只针对某些特殊的人或事才有不好的表现。

根据员工不同的问题原因，你的辅导目标和辅导方式也不尽相同。对于欠缺意愿的员工，你首先要做的应该是引导其改变态度。对于欠缺能力的员工，你要做的则是通过让员工完成学习任务，帮助员工提升能力。如前文中的销售管理者，如果员工的问题在于意愿，比如就只想快速关单，喜欢用小单积少成多完成业绩，因此才不去深入分析客户需求，那么管理者在制定辅导目标时，就要重点解决员工意愿问题，指导员工深度分析客户需求，并成功签到大单。如果员工的问题是客户分析能力不足，管理者就应该把"提升客户需求分析能力"作为辅导目标。

和员工达成共识

辅导是双向沟通过程。你在制定辅导目标时，必须让员工参与进来，在与员工共同探讨后达成一致。否则，即使你要求员工改进和提升的方向是正确的，但如果员工对此不认同，后续的辅导也不会有效果。

与员工进行辅导沟通需要注意以下两点。

要求员工提前做足准备

辅导目标的沟通是非常正式的沟通，需要双方就员工的优势和短板、未来可能的发展方向，以及辅导目标有共识。因此，无论是管理者还是员工，在沟通之前都需要做好充分的准备，否则沟通现场就很容易变成日常的聊天，双方看似交谈得很充分，但是在确定辅导目标上没有实质的进展。

　　所以在沟通前，除了你要做好充分准备之外，员工同样需要提前思考自己的发展目标，以及自己能力和个性上的特点。你需要提前通知员工，并说明辅导沟通的目的和需要员工准备的内容。这里管理者容易犯两个错误：一是有的管理者临时通知员工进行沟通；二是有的管理者觉得员工应该很了解自己，因此不会特别认真地告知员工在沟通前要详细准备的内容。如果员工缺乏准备，在进行辅导沟通时参与度就会极为有限，可能只能听上级安排，但自己并未理解和接受。对此，你可以借助个人发展计划（IDP）表格（见表16-2），让员工在沟通前填写完毕，这样会有助于辅导目标的沟通。

表 16-2　个人发展计划表

职业发展	未来发展目标：
自我认知	自我认知的优势：
	自我认知的不足：
	当下的发展需求：

充分听取员工的意见

　　有的管理者过往习惯了指示式的管理风格，认为员工应该服从自己的命令，才能让团队效率最大化。但当他们把这种沟通方式带入辅导中时，就可能会是一场灾难。曾经有管理者这么和我们分享他和员工之间的沟通："我很清楚这个员工的问题出在哪儿，但是在我指出他的问题时，他却并不认同。这让我很生气，我认为他不敢直面问题，没有担当。最后这次沟通不欢而散。"最后这名员工不仅没有按照上级的期望去改变，还在不久之后转去了别的团队。

　　也有管理者会使用一种自己"绝对正确"，不容他人质疑的沟通风格。通常他们的语气会特别斩钉截铁，或者习惯说"我认为""你应该"。这种沟通方式基本断绝了让下属表达意见的机会，但员工不发表意见不代表他们内心认同。这样的管理者也就完全没机会与员工就发展目标达成一致了。

正确的方式是你要去关心员工的感受，了解他们的想法，理解他们内心真正关心的事情。要做到这一点，你需要：

第一，鼓励表达。在沟通辅导目标时，有的员工会表现得好像没有想法。出现这种情况很大一部分原因在于，思考自己未来的发展本来就是件困难的事。你需要体谅和理解员工面临的困难，并鼓励他们表达，和员工一起进行探索。

比如你可以换一换提问的方式，不是问"你的发展目标是什么"，而是问"工作中什么事情让你感觉良好""你觉得工作中自己做得最投入的事情是什么"。通过对这些问题答案的探索，逐步帮助员工打开思路、敞开心扉。

员工不愿意表达，还在于他们对于直接表达自己仍然存有顾虑。在和员工沟通时，你往往是更强势的一方，所以，你不能想当然地认为员工会积极表达自己的意见。因此，更正确的做法是，在沟通开始时就明确沟通目标，说明沟通规则，并鼓励员工表达意见。比如你可以说："我们接下来的沟通是为了就你的发展目标达成一致，我的观察和判断可能不完全准确，因此如果你有不认同的地方，可以很开放地沟通。"

在沟通过程中，当你表达完观点之后，你需要停下来，鼓励员工讲一讲自己的看法。尤其需要谨记的是，尽量不要随意打断员工，更不要急着表明"你说的我都知道"，这会让员工觉得你并不想听他说。

第二，就事论事。在和员工探讨他们的能力特点或意愿时，你需要避免使用"我感觉你……"这种过于主观的描述方式，这不利于让你们达成共识。尤其是在描述员工待发展的能力时，你更需要尽量客观，用事实说话。更好的表达方式应该是："我观察到你在……任务中的表现。"

第三，不争对错。沟通不是为了去争谁对谁错，而是为了就辅导目标达成一致。所以当员工与你的观点不一致时，你切忌和员工争执。因为无论最终结果如何，争执都会使沟通偏离发展的本意，还会破坏双方之间的信任关系。所以，只要双方对于能力与意愿的判断没有明显冲突，你就可以求同存异，进一步与员工明确辅导目标。

即使你和下属真的出现了严重的分歧而无法达成一致，你仍然可以继续抱有开放的态度。发展目标可以是动态的，人对自我的认知也在不断调整。你可以和员工约定在接下来的时间先做一些有益的尝试和探索，并不一定非要通过这一两次沟通就达成共识。

辅导目标要可评估、可实现

要制定可评估、可实现的辅导目标，你需要在制定目标时遵循以下原则。

辅导目标不是越难越好

辅导目标要适度的道理并不难理解，但是我们在工作中还是会看到很多管理者在和下属确认辅导目标时带有"辅导目标越有挑战性越有价值"的想法。这么做导致的结果就是，在具体执行时给双方带来很大的压力，而且很难在实际工作中落实。

在制定辅导目标时，更有效的方式是聚焦当下可实现的发展目标。因此，你需要评估并和员工探讨辅导目标的挑战性有多大，以及员工是否有信心在指定的时间内完成。此外，你还需要评估自己可以投入的时间和资源，比如你自己的工作节奏如何，每天可以投入多少时间，公司是否提供相应的培训资源，团队中是否有其他人可以支持你帮助下属提升等。

你不用担心这样会缺少挑战，无法让员工进步。达成挑战性目标更为可行的方式是通过一个个小目标的达成逐步实现。所以管理者要认识到辅导目标的制定并不是一次性的事情。事实上，你可以在员工发展的过程中逐步去跟进，总结并调整辅导目标。所以，你大可以尝试从一个"小目标"开始。

辅导目标行为化

以我们给管理者培训制定个人发展计划的经验来看，管理者落在纸上的辅导目标通常较为宽泛，比如提高对客户需求的洞察能力、提高协作能力等。这种辅导目标虽然可以表达对于员工的积极期待，但是无法清晰说明对员工的要求，而且在实际辅导过程中，因为这些目标相对模糊，也不利于对员工发展的跟进和评估。

因此，在和员工就辅导目标达成共识时，你需要把目标尽可能地行为化，这样做有利于辅导目标的实现。⊖比如把"提高对客户需求的洞察能力"调整为"提报基于客户的业务、人才现状、人才规划三个方面的客户需求分析报告"，后者更具有指导性；"面对其他部门的需求，先了解情况，而不是直接说不行"也比"提高协作能力"的要求更为明确。通过这样的方式，员工就会更清楚你希望他在自我发展的过程中具体怎么做，针对辅导目标也就更容易达成共识。

| 小　结 |

管理者在和员工制定辅导目标时，需要遵循以下三个原则。

1. 促进绩效提升。

- 基于对绩效目标的分析，结合员工当下的重点工作，初步找出可能需要提升的地方。

⊖ 迪克 W，等 . 系统化教学设计 [M]. 庞维国，等译 . 6 版 . 上海：华东师范大学出版社，2007.

- 还原工作现场，通过行为观察、他人反馈、情境模拟等多种方式，了解员工实际的工作情况。
- 深入分析，找到员工表现背后的原因，制定有针对性的辅导方向。

2. 和员工达成共识。

- 在与员工沟通前，管理者和员工都需要做好充分的准备。
- 鼓励员工发表意见，认真倾听员工的想法，并且即使遇到冲突也就事论事，不强求员工听取自己的意见，也不和员工去争一时的对错。

3. 辅导目标可评估、可实现。

- 辅导目标要注重可行性，不要好高骛远。
- 辅导目标中应该包含具体的行为，有助于管理者和员工达成共识。

第 17 章

信任、激发与赋能

与员工沟通辅导目标只是辅导工作的开始。接下来，要让员工真正有改变和提升，是一个更长期的过程。员工的状态会经常波动，他们会偶尔懈怠，也可能因为挫折、停滞不前而气馁，甚至当努力了却无明显成效时，就连管理者也可能会怀疑是否员工就不是可造之才，或是自己方式方法不得当。

因此，要想辅导工作真正发挥作用，并不是一个简单的"教"下属的理性过程，还包括对员工状态的持续关注和赋能。你既需要赋予员工能量，又需要帮助员工提升能力。

打开员工的心防

在辅导的时候，你会遇到有一些员工总是很沉默。他们大部分时候不会跟你交流，甚至有时连眼神接触都很回避。当你一再询问他们的意见时，他们可能也只会回答"你说的都对"或者"一切听你的安排"。

员工沉默，说明你和他们之间还没有建立信任关系，他们还没准备好要被你辅导。这时，你首先需要让他们打开心防。

让员工尽快看到改变

让员工相信你可以帮助其成长，最有效的方式就是用事实说话，让员工感受到自己真的从辅导中有所获益。所以，让员工快速看到自己的改变至关重要。这时，你所选择的发展目标容易入手，能给员工的工作带来立竿见影的变化就十分重要。

曾经有一位销售管理者和我们分享了她辅导员工的经历。她当时很看好一位销售人员，并希望帮助其提升大客户开拓的能力。但是事情进展得并不顺利，该销售人员一直对提升该能力没有特别浓厚的兴趣，在每次辅导和反馈时，也表现得比较敷衍。

后来这位销售管理者反思出现这种情况的原因主要在于，大客户开拓能力的提升需要长时间的经验积累，而且，当时该销售人员正苦于如何更高效地获取客户的联系人，每天大部分的精力都用于搜索客户的相关信息。大客户开拓能力的提升与该销售人员当下的工作没有直接关系。

发现这种情况之后，她通过和员工沟通，调整了辅导目标，从提升大客户开拓能力转变为更有效地获取联系人。她开始和员工分享自己搜索联系人的技巧，如何善用现有的人脉关系，如何应对他人的拒绝等。这时，员工对于辅导的态度也开始发生变化。

辅导方式的选择也有助于让员工尽快看到改变。有些管理者习惯用更为系统的辅导方式，他们会先让员工去学习知识，然后进行技能训练，最后进行实践，使员工有所进步。但是事实上，成年人学习和学生学习完全不同。过多理论知识的学习会让员工感到疲惫和沮丧。因此，有经验的管理者往往会采用示范的方式。一方面，员工可以通过你的示范看到并想象他们自己获得成长之后对于工作的影响；另一方面，人是感性的，对于他人的行为进行模仿是更为快速直接的方式。此外，有效的示范本身也有助于你与员工建立信任关系。

最后，你还可以采取的方式是让员工及时看到自己的进步。在员工努力提升时，除了其本身的求知欲和发展诉求，更重要的是你需要让他们产生成就感。在这方面，做得很好的是游戏公司，它们会通过"设置目标—遇到挑战—获得成就感"的不断循环，持续调动玩家在游戏中的积极性。特别是在玩家刚开始接触游戏时，游戏公司会特别注意奖励环节的设计。它们会让玩家在游戏中每完成一个任务都能及时获得奖励，而且任务的难度不会过高或过低，使玩家能不断升级并开启新的关卡。你在辅导员工时，同样可以借鉴这样的经验。比如，在员工努力提升的过程中，及时给予鼓励和正向反馈，或者创造一些让员工可以有所表现的机会。

聚焦于如何做得更好，而不是着眼于问题

由于管理者和员工的角色不同，对于同一项工作，管理者往往比员工有更高的目标和要求。也因此，管理者更容易看到员工的不足，而忽略员工的进步和改变。此时，有的管理者习惯于指出员工的不足，甚至直接指责员工。他们认为只有这样才能让员工"知耻而后勇"。但这种方式很多时候并不会有效，因为员工并不是不知道或不承认自己的问题，他们只是暂时不想面对或希望在上级面前维护好形象。如果你不停地给他们压力，他们可能只会以更

消极的态度来应对。

　　要规避这种情况的出现，你需要在面对员工的不足时，将你的思维模式从"为什么员工做不好"转变为"接下来怎么做才会更好"，聚焦于如何能取得进展。[⊖] 比如当你发现员工的不足时，你可以从"你说说你的问题出在哪儿"转变为"接下来我们怎么做才能更进一步"。通过这种方式，你能引导员工把注意力更多放在发展上，而不是放在承认错误上。员工也会更愿意信任你。

　　一位地产管理者用他的辅导故事为我们很好地证明了这一点。当时他接手的是一个据说比较"失败"的项目团队，他们负责的工程工期严重滞后，很多人都认为这个团队没有士气，也欠缺能力。该管理者接手这个团队时，并没有去和团队探讨过去失败的原因。与此相反，他只是就具体的项目问题，跟大家一同讨论接下来如何做才能让局面变好。这时大家聚焦的不再是问题，而是解决方案和具体的行动。在他的带领下，团队的工作状态有很大改变，工程进度也赶了上来。这位管理者在分享他的心路历程时说道："刚接手的时候，团队的士气已经很低了，如果我再去追究原因，对于他们只会有负面影响，而不会有助于我后续的工作。这时，我们只有专注于如何做得更好，才能有助于工作。"

多听少说

　　管理者和员工之间本就存在上下级关系，很多员工会担心自己说错话而影响上级对自己的评价。特别是在辅导过程中，他们在提升自我的同时，又在不断暴露自己的短板。因此，特别是在辅导前期，你的沟通方式，对于员工能否敞开心扉至关重要。

⊖ 卡夫曼. 不懂带人，你就自己干到死：把身边的庸才变干将 [M]. 若水，译. 北京：中国友谊出版公司，2018.

这里，我们建议沿用上一章和员工沟通辅导目标时所用的沟通方式，多听少说，鼓励员工表达意见。但不一样的是，在辅导开始之后，你往往会就更为具体的目标和员工进行交流。因此，很多管理者容易急于解决问题，而忽视了沟通的重要性。我们建议你：

第一，想一想自己是不是比员工表达得还多，如果是，你就需要停下来，给员工更多表达的机会，去更多了解员工的想法。甚至当员工表示自己没有想法时，你也要多鼓励他们分享，即使是一些看起来跟你想解决的问题没有直接关系的事情。

第二，当发现员工的不足时，他们有时会进行解释，你需要避免认为他们只是在找借口，甚至你得给他们"解释"的机会。因为只有这样，你才能逐步去了解他们。否则，员工很可能只是表面附和你，但事实上他们与你的心离得更远了。

第三，时刻反思自己是不是真的了解员工的想法，即使看起来问题已经得到了解决。很多时候，看起来员工认同了你的指导，但是其实他们并没有传递自己内心真实的想法。特别是当员工只对你的意见表示认同，却没有更多表述自己遇到的挑战和感受时，你就需要有更强的好奇心，去了解员工实际的工作内容，遇到的工作困难和挑战，以及他们真实的想法等。

给员工加满能量

辅导中，你需要激发和点燃员工的发展热情，特别是在员工遇到挑战，出现状态波动时，你更需要给员工"加满能量"。

陪伴员工度过困难时刻

员工在成长过程中，一定会遇到挫折，并因此感到气馁，这时，你首先应该处理员工的情绪问题，而不是急着去解决具体的问题。具体来说，你可以采用如下的方法。

第一，引导员工以长期视角看待当下的挫折和挑战。人们在遇到挫折时，往往容易困在当下的情绪中走不出来。但当从更长的时间维度去看整件事时，人往往会变得更理性，也会有不同的感受。[⊖]所以，当员工陷入挫折情绪中而无法自拔时，你可以引导员工换一个角度看问题，例如让员工思考，"三个月之后，让你再来看现在经历的这些事，你会有什么感受"。

第二，发现并肯定员工的闪光点。员工没有达成理想的结果，但在整个努力过程中一定有可取之处。你需要去发现其中的闪光点，并及时给予员工肯定。你还需要去发现员工取得的每一个小进步和发生的一些小改变，并不时地鼓励员工。比如，虽然员工失败了，但你可以从中发现员工闪光的行为："你这次很敢于尝试，其实是很好的开始。"或者员工的问题在于做事没什么自己的想法，但在你指导之后发生了一些小变化，你也可以及时肯定他："你在和客户沟通时，我看到了你在主动思考。"

第三，分享自己的受挫经历。这会带给员工一种"原来不是只有我"的心理安慰。他们会发现自己原本以为"无所不能"的上级也在一样的问题上碰过壁，也有过一样的情绪和迷茫，而且只要坚持，最后还可以挺过来，获得成长。这样既能拉近管理者与员工的距离，也给了员工克服困难的信心。但需要提醒的是，你在分享自己的经历时，要避免自我夸耀，这会让员工认为你只是想表达自己很厉害，也会使你陷入"自我回忆"而忽视了员工，偏离了辅导的目的。

第四，适当调整员工的工作内容，让员工离开"压力源"。很多管理者认为困难是员工的试金石。在员工面对困难时，他们甚至会"逼"员工去克服困难。但是，过大的压力不仅无助于员工的成长，还会让其产生畏难和退缩

⊖ 伊格曼.隐藏的自我 [M].钱静，译.杭州：浙江教育出版社，2019.

的情绪。我们曾经见到过"被压力摧毁"的员工，他们因为过大的压力，对工作产生"厌恶"心理，甚至开始怀疑自己。因此，在员工处于困难时刻时，你需要基于员工的实际情况，根据员工的个人能力、抗压程度、个人意愿等，给员工提供另一个选择。你可以调整员工的工作内容，比如把员工的角色从直接负责转为配合或支持。你还可以让员工远离直接的压力源，比如更换特别具有挑战的客户，调换特别困难的工作等，给员工以"喘息之机"，让他们调整心态和状态。

敢于挑战员工

有些员工的工作表现没有太大的问题，但是也很难做到特别优秀。从你的角度，你会觉得他们仍有潜力可挖。但是，当你去辅导他们时，他们却显得积极性不高，或者不愿意投入更多努力去改变现状。

对于这类员工，如果你就放任他们继续这么"平庸"下去，那他们可能会慢慢跟不上公司的发展，职业发展也会越来越受限。你要对员工负责，就需要适当地对他们提出挑战。

第一，让员工认识到自己的不足。这类员工有时会认为自己没有做得更好，是因为自己不想，还没有真正发力。这时你需要适当"点醒"他们，帮助他们认清现状，了解到自己的不足。比较有效的方式是让员工独立负责有挑战性的工作任务，让员工认知到自己存在的差距。以销售的大客户经营为例，你可以让员工独立负责某个大客户的需求沟通和方案提报工作，通过真实试炼来暴露员工的问题。

但在使用这种方式时，你需要注意避免用力过猛。就像篮球运球一样，用力拍球是为了让球跳得更高，但如果用力过猛，则会让球失控，甚至泄气。因此，挑战需要适度，特别是在员工受到"现实的打击"之后，要避免继续给员工施压。更合适的方式可能是直接和员工进行复盘，顺势制订下一步的提升计划。

第二，设定更具有挑战的目标。如果你发现员工已经基本达到当前工作的要求，你就需要适度提高目标和增加任务难度，让员工一直处于想要提升的状态。在制定挑战性目标时，你既可以对原有目标提出更高要求，也可以对员工提出能力进阶的要求。比如有的销售人员已经可以 100% 达成目标，那么你可以激励销售人员试试去挑战 120% 的目标；或者有的员工已经可以完成你布置的工作任务，那么你就可以试着要求他们帮助你制定团队的年度规划。

设定挑战性目标时主要有两个注意事项：一是难度的增加要适度，挑战过大的目标会让员工产生畏难心理[⊖]；二是挑战性目标需要能够牵引员工用新方法解决问题。如上述提高销售指标的例子，你需要知道 20% 的增长是为了推动销售人员改变销售方式，提高销售能力，而不仅仅是让他们更勤奋。

第三，激发良性竞争。每个人都有成就动机，特别是相互之间有比较时，人的竞争性会促使员工努力起来。这种情况在销售团队中最为常见，当设立了销售竞赛时，员工会自发地投入更多的努力在工作中。因此，当你发现员工满足于现状时，帮员工找到一个竞争对手或比较的对象也是一种可用的方法。在使用这种方法时你需要注意两点：一是要选择确实优秀的员工，不然你辅导的员工会认为你不了解工作的实际情况，也缺少识人的能力；二是要采用正向的沟通方式，相信员工的发展潜力，比如"我相信你未来可以做得和他一样好，甚至超过他"。而不是用一些质问或负向的表达方式，比如"你比不上他"或者"你怎么就不能像他一样"。

第四，让员工产生对未来的憧憬。员工在工作中会同时受到外在动机和内在动机的牵引。内在动机是人们发自内心对于某件事情感到向往，并能从做这件事情本身获得满足感，比如有的研发人员更喜欢研究事物的规律。外在动机则指人们在完成某件事情时，更多为了外部的奖励，比如有的人会为

⊖　迈尔斯 . 社会心理学 [M]. 侯玉波，等译 . 北京：人民邮电出版社，2016.

了获得金钱、他人的认可或回避惩罚和批评，而去做某件事情。

在牵引人的行为时，外在动机往往难以持续发挥作用，但是在短期内会更加直接、有效。内在动机则可以更持续地推动员工向着成为更好的自己而努力。所以，要调动员工自我改变和提升的积极性，你有时可以动用一些外部奖励，比如赞扬、小的物质奖励等。但你更需要激发他们对于未来发展的美好想象。这其中最为有效的方式是你以身作则，展现更高水平的专业能力。比如当员工面临困难的挑战或任务时，你可以亲自示范如何解决问题，并让员工全程参与，与你共同经历成功解决问题的过程。你也可以和员工分享你职业上的高光时刻，比如获得客户的尊重、赢得企业的认可等，让员工对自己未来可能有相似的经历产生憧憬。比如在咨询行业，很多顾问正是因为见证过资深顾问的风采，才下定决心要在咨询行业创出一番天地，成为像优秀前辈一样的顾问。

让员工对自己的发展负责

有些员工在你跟他沟通时会表现得很有自我提升的积极性，但是并未真正在工作中采取实质的行动。你过一段时间观察他们的工作表现，发现几乎没有改变。对于这类员工，你需要对他们的发展过程进行更多管控。

第一，让目标发挥作用。针对这一类员工，你首先要做的是对目标"较真"。在每次辅导后，你要给员工明确接下来的动作，并制定具体的要求。在沟通时，你要不断追问员工具体做了什么，而不是他们想了什么或计划做什么。如果员工没有如期完成，你要认真、明确地指出问题。通过这样的方式，让员工更严肃认真地对待自身发展这件事情。

需要提醒的是，面对此类员工，你要避免"心软"，更不能有所松懈或过于大而化之，否则员工很容易钻空子，表面上装作很努力，但实际上并没有努力去促进自我提升。

　　第二，评估投入产出比，必要时终止辅导。对于无论怎么激发，都始终没有积极性的员工，或者你认为需要自己投入大量的时间去督促的员工，你需要评估自己的投入和产出，必要时做出停止辅导的决定。这可能不是一件容易做决定的事，因为这像是在承认自己的失败和无能，也意味着你在一开始就选择错了对象，或者自己暂时没能力辅导这个员工。但正如我们在前面提到的，要把辅导当作一种投资行为，把你宝贵的时间和精力投入到有最大产出的对象上。及时止损，懂得取更懂得舍，也是管理中需要不断修炼的"大智慧"。如果员工总是需要你投入大量时间和精力，却没有给你回报，那么及时终止是最好的选择。

赋能员工

　　要真正为员工赋能，你需要能基于员工所处的阶段，采用针对性的辅导方式（见图 17-1）。

图 17-1　员工能力提升的三个阶段及辅导策略

　　一般而言，员工能力的提升往往会经历"知道""理解"和"应用"三个阶段。⊖

⊖　安布罗斯，等.聪明教学 7 原理：基于学习科学的教学策略 [M]. 庞维国，等译 . 上海：华东师范大学出版社，2012.

知道阶段主要是员工对知识的学习。以管理者自身为例，新手管理者在刚上任时可能就看过很多管理类的书，或接受过一些培训。他们在谈论管理理论和方法时可以讲得头头是道，但仍然不会管理。因为处于知道阶段的员工尚无法将知识与工作实际联系起来，也没有在工作中应用。

理解阶段是员工开始理论联系实际的过程。同样是新手管理者，当他们开始真正管理自己的团队时，他们就会将实际遇到的情况和从书本上学到的知识联系起来，在实践中加深对知识的理解。但这时他们也会开始有更多的困惑，比如如何把实际的情况和自己所知道的知识联系起来，或者在什么情况下应该采取什么策略等。

应用阶段是员工可以真正将自己的理解用于解决实际问题，是一个不断"尝试—反馈—调整"的循环，直到问题最后被解决。这时员工可能会在解决问题的方法或者效果上有更多困惑。

辅导下属就是帮助员工不断积累知识，加深理解，并转化为自己的能力的过程。在实践中，主要有两种帮助员工提高能力的方式。一种是"以赛代练"，即先做起来，在实践中体悟和学习。这时管理者会在辅导开始时就给员工布置大量的工作任务，期待员工通过不断地历练获得提升。另一种方式是先进行系统学习，再投入工作实战。管理者会先帮助员工扩充知识储备，让他们有全面的认识，再在实际工作中锻炼。

根据我们的经验，上述两种方式其实都有各自的问题。"以赛代练"的方式一开始会给员工很大挑战，给他们造成孤军奋战和盲目试错的感觉。如果员工悟性不够或独立性不强，往往无法摸索出解决问题的办法，还会产生挫败感，甚至丧失信心。

先学习理论再实践的方法则可能会存在"填鸭式"灌输的问题。员工在前期学习知识的过程中，会因为缺乏实践中的具象和感性的认知，而难以消化所学的知识，以至于他们在前期投入了大量精力进行系统化学习，但实际能吸收的非常有限，当回到实际工作中时，也无法有效应用。

出现这些情况的原因在于，这两种方式对于员工的假设过于简单，并且都和管理者面临的实际情况有所脱节。前者把员工假设为完美的高潜员工，自学能力极强，能自行探索、主动反思和总结，同时还能直面工作中的困难和挑战。这类员工通常是企业中的高潜员工，但占比往往不会超过 10%。对于每个管理者而言，这类员工可遇而不可求。后者则把员工都当成"研究型"人员在培养，认为他们需要经过系统的知识培训，打下足够扎实的理论基础，才能开展实际工作。但现实是，这种方式忽视了成年人的学习规律。成年人在学习时有极强的目的性，他们需要真实地感受到学习内容对于工作的作用，才会更有学习的动力。过多的理论学习则显然难以达到这种效果。

有效的辅导应该是基于问题的学习。这种方式的关键并不在于让员工一味地学习知识或是无休止地实践，其关键在于让员工对工作中的挑战有切实的体验，通过问题促进他们反思。你可以通过以下三个步骤促进他们提升。

第一，先让员工在工作中实践。通过实践，可以让员工从实际的工作中感受到问题所在。比如有的管理者会让员工跟随有经验的员工或自己工作一段时间，让他们近距离观察和了解工作的实际情况，或者适度地让员工独自负责一些任务，让他们开始真正感受到挑战和难点在哪儿。这样的方式既有助于员工形成对工作任务的全面了解，又能让员工带着真正的问题进入辅导的场景。

第二，当员工碰到问题之后，管理者和员工一同进行分析和思考，并给予指导。你面对的往往是具有"目的性"的员工，他们急切地希望得到答案，解决自己实际工作中的困惑。因此，在帮助员工理解时，你需要注意三点：一是讲解要及时，最好的讲解时机往往是员工刚完成工作任务时。二是在讲解时你需要引导员工自己反思，因为此时员工往往会有自己的看法和理解，引导员工说出他们的所思所想，有助于帮助他们梳理思路。三是在讲解的最后要注意"有放有收"，其中"放"意味着你要从更完整的方法论出发，而不是点状地解决问题，这样更有助于员工将理论与实际相联系。"收"代表你仍然需要回到员工的当下，帮助其明确接下来逐步改善的节奏，让他们对于自我提升有"看得到，摸得着"的感受。

第三，以实践和输出促进员工提升。员工要实现提升，最终需要将学习成果转变为自己的行为。这需要员工能将自己知道的道理，真正应用在实践中，并基于从实践中学到的经验，进一步加深自己对工作的理解。要做到这一点，你需要给员工创造更多独自去尝试的机会，比如让销售人员独自见更多客户，让做市场分析的员工更多地自己去写市场分析报告等。除此之外，你还可以鼓励员工做输出，让员工多做总结。比如，让员工做案例分享，给新员工培训，或者让他们帮忙梳理和优化流程，甚至是总结工作的方法论等。同时你要注意，你需要给员工自由度，允许他们犯错或提出不太成熟的看法，只有这样，他们才能实现自我成长。

| 小　结 |

在成功辅导员工的过程中，管理者要做到三件事情：与员工建立相互信任的辅导关系；激发员工不断提升自我的积极性；赋能员工，提升员工解决问题的能力。

1. 建立相互信任的辅导关系。

- 管理者要让员工尽快感受到自己的提升，从而让其对辅导抱有信心。
- 管理者需要避免高高在上，和员工做平等沟通，多倾听员工的想法。

2. 激发员工的积极性。

- 面对受挫的员工：管理者需要引导员工从长远和正向的角度看待问题，

理解其受挫的感受和心情，并通过工作的调配转移其注意力。

- 面对积极性不高的员工：让员工更客观地认知自己的水平；为员工树立榜样，展现未来发展愿景；通过竞争持续调动员工的积极性。

- 面对缺少行动力的员工：发挥目标的管控作用，要求员工必须有行动；让员工为自己负责，管理者避免越俎代庖；必要时，终止辅导关系。

3. 赋能员工。

- 理解员工能力提升的三个阶段：知道、理解和应用。员工要逐步形成自己的知识体系，并通过思考和实践，不断地获得反馈和提升。

- 只让员工去尝试而不给予反馈，或只让员工学习知识而不实践都不是适合员工的辅导方式。

- 在赋能员工时，管理者要让员工通过历练，感受到挑战和问题所在，并对问题进行分析和思考，进而在实践中做出尝试和探索。在逐步探索中，管理者要鼓励员工形成自己的判断，通过对外输出，将自己的经验转化为能力。

| 第 18 章 |

跟进与评价

员工的能力提升并不是一蹴而就的,他们需要在工作中不断地实践自己所学到的内容,才能有所提升。对你而言,辅导过程也不只是与员工制订好发展计划,有过一两次辅导沟通就结束了。要确保辅导效果,你需要在员工实践的过程中投入大量的时间与精力,持续跟进员工的表现。也只有这样,你才能正确地分析和评价员工,确保辅导的有效性。

要做到有效的跟进与评价,你需要注意以下几点。

把辅导当成一个项目来管理

辅导员工时,跟进很容易被管理者忽略或开展得虎头蛇尾,其中一个原因是跟进是一项非常日常的工作,往往容易被管理者所忽视;另一个原因则是跟进是一个非常高频的管理动作，需要管理者每月甚至每周持续地开展，这也是对管理者意志力的考验。很多管理者在刚开始辅导员工时，还能够有意识地跟进员工的表现，但时间一长或者工作忙起来以后，就容易把这件事情抛到九霄云外。

面对这种情况，有效的方法是你把辅导当成一个项目来管理。

这要求你在辅导员工时：首先，始终聚焦辅导目标；其次，制订明确的跟进计划，包含时间表、每个阶段的跟进内容、衡量标准；最后，明确在跟进中不同人的角色和分工，并与他们更新计划推进的进度和情况。

在跟进时，你首先要始终以辅导目标为先，具体来说就是将注意力重点集中在和辅导目标相关的关键行为上。正如在制定辅导目标时，你需要通过实际行为的观察、情境模拟等方式去还原员工的行为表现一样，在跟进过程中，你同样需要通过这些方式去了解员工的进展，判断他们是否有所改变和提升，并及时给予反馈。

聚焦辅导目标的难点在于你容易"失焦"。比如有的销售管理者在辅导销售人员分析客户需求时，可能同时会发现销售人员在介绍产品时有些生硬，或者呈现给客户的 PPT 形式上不够完美。但是对于分析客户需求而言，产品介绍和 PPT 其实并没有那么重要。这时，只要你发现的其他问题不是特别致命，那么更合适的方式就是暂时放过这些问题，在反馈时，聚焦于和你的辅导目标真正相关的行为。

员工在自我提升的过程中也容易出现"失焦"的问题。特别是当他们遇到不同的工作挑战时，他们容易"三心二意"，转而想要去提升自己别的能力，或者容易好高骛远，在基础还没有打牢的时候就想要提升更高层次的能力。这时，聚焦目标还意味着你要引导员工首先关注当下，从切实的改变做起。假设你要帮助员工提高分析能力，以一个顾问的工作为例，提升分析能力往往意味着他们能写出更有深度的分析报告，他们要在工作中：

- 有针对性地去收集市场信息。

- 对信息做有效的处理、分类。

- 基于分析目标，找到各种信息的联系和规律。

这些行为改变的难度依次递增。但有些顾问在自我提升时，想要尽快提升自己，就会在收集和处理市场信息的练习还没有完成时，就去分析信息间的关系。这不仅无助于成长，还会使自己陷入信息的海洋之中。这时，你就需要帮助员工聚焦当下的关键行为，即"如何更有针对性地去收集市场信息"。你要像一个优秀的外科医生一样，把员工的问题"解剖"，从最容易改善的入手，把其他的放在一边，一次只解决一个点。比如，你可以先重点观察员工是怎么收集信息的，分析问题是出在获取信息的渠道上还是方式上，这样你在给予员工反馈和指导时，也会更直接和容易操作，从而帮助员工快速提升。

跟进计划在辅导过程中同样重要。你可以按两种时间节点来制订跟进计划：一是固定一个时间，比如在每月或者每周固定的某天对员工的发展表现做评价，通过沟通或其他形式收集信息，以了解员工在实际工作中是否有所改变；二是按照关键节点跟进，比如在员工独立完成五个客户拜访，或者独立完成一份分析报告之后，关键节点的选择取决于你布置给员工的任务。

同时，你需要在跟进员工表现时完成跟进记录，以约束自己更严肃认真地对待这件事情。你可以记录员工采取的行动、取得的进展、仍然面临的问题、你的体会和感想以及下一步的计划。你也可以对员工提出相应的要求，让他们进行自我总结，比如学到了什么知识，掌握了什么技能，行为上又有哪些改变等。

为更好地确保跟进计划的落地，你可以使用相应的外部工具。比如你可以打印跟进与评价表，贴在办公桌前，提醒自己按照计划的时间去跟进员工的表现（见表 18-1）。

表 18-1 跟进与评价表

跟进与评价	
跟进日期	跟进发现
第一周	
第二周	
⋮	

有的企业有相应的软件系统帮助管理者管理辅导工作。你可以在系统中设定辅导目标和跟进计划，不用自己制作一张表打印出来提醒自己，系统会自动提醒你和员工去完成相应的工作。

但表格和软件系统都只是一个工具，关键还得看管理者自身是否能落实计划。很多时候，你不能高估自己的毅力和决心。这时，你还可以制定监督机制来督促自己落实计划。比如你可以找人来督促你，如被辅导的员工本人或者你的直线上级。你可以要求员工提醒自己，比如，有的销售管理者在辅导员工后，决定定期跟员工去拜访客户，会把自己的时间开放给员工，让员工每周挑选出一家客户，安排自己需要随同拜访并辅导他们的时间。还有的管理者会要求下属主动来找自己沟通，让下属定期来约自己的时间。你也可以找你的上级来督促你，比如让他们定期跟你探讨关键员工的表现和改变，或者直接约定时间向上级汇报辅导工作的进度和员工的情况等。

通过以上方式，你可以把跟进和评估的过程像管理项目一样管理起来。特别是对于缺少辅导经验的管理者而言，这种方式能帮助他们把辅导落地，并逐渐养成跟进的良好习惯。

保持耐心，让子弹飞一会儿

任何雄心勃勃的计划，如果在努力过程中迟迟看不到成效，都会容易使人急躁或泄气，尤其是对于一些习惯快速解决问题的管理者而言。因此，在辅导员工的过程中，管理者有时会对"等待员工改变"缺乏耐心。特别是在员工尝试了他们指导的方法却没有做到位，最终也没有明显改善时，他们可能就会放弃辅导，认为员工"不堪大用"。

你要认识到，人和事不同，人的改变和发展本就是一个相对长期的过程，不会因为采取一两种策略或方法就能有立竿见影的效果。员工从认识到自己的不足，到理解你的建议，再到探索试错，最终到实现能力提升，是一个长期的过程。此外，很多改变往往一开始都不起眼，比如一个努力改善自身影响力的员工，在一开始的改变可能只是变得更主动，他会在会议中主动发言、主动提问等。这些变化并不显眼，但对于员工而言，却可能已经是他们能做出的最大努力了。如果这时你完全看不到员工发生的变化，或者认为这些改变不值一提，就不会给员工任何反馈或鼓励。这无论对于员工还是对于你自己，都会动摇持续投入的信心。

因此，你在跟进员工的发展过程时，首先需要尊重学习发展的客观规律，给员工留出空间和时间。如果员工一时的学习结果让你觉得不太满意，你要忍住不插手，先在一旁观察员工的表现，评估他们哪里做得好，哪里做得不好，然后给予员工有针对性的反馈和进一步的指导，这样才能帮助他们获得提升。

其次，当你留意到员工细微的改变和进步时，你要适时肯定和鼓励员工。你要学会去关注进步，而不是只看到问题，这样才可以持续激发员工自我成长的热情。有经验的管理者往往对于员工在工作中细微的改变十分敏感，一旦员工出现向好的苗头，他们不仅会及时地给予肯定，还会找机会去指导员工，助力他们更快获得发展。

我们亲历过一位管理者辅导员工提升授课能力的过程。在最初的一个月，表面看起来员工没有任何改变，仍然不能独立授课，甚至很多时候还会找机会逃避。但管理者能发现一些细节，比如员工会在帮助其他人准备课件时写备注，在讨论课程设计时比以前更积极主动，等等。在与员工沟通时，管理者不会向员工表达"你怎么还不能独立授课"的意见，而是会鼓励员工细小的进步，给予员工针对性的辅导，与员工具体探讨课程内容，给员工更多发言机会，并持续鼓励员工去尝试。两个月后，员工主动申请并成功地完成独立授课，后来还成为最受学员欢迎的明星老师。但如果管理者在员工一开始逃避时就断定员工不是可造之才，或者非常急切和强势地逼迫员工去独立授课，可能就不会有机会看到员工的改变。

正确的批评与表扬

对员工的表现进行评价，就一定会涉及批评和表扬，这对于新手管理者是个挑战。有的管理者总是表扬下属，但是下属好像并没有受到鼓励。有的管理者害怕批评下属会打击下属的积极性，或者发现批评下属之后，跟下属的关系变得有些疏离或紧张。

如何正确地批评与表扬？管理者需要做到以下三点。

第一，以事实为依据。很多管理者的批评或表扬没有起到作用，很大一部分原因在于没说到"点"上，只是泛泛地夸奖或批评，没有具体内容。在员工看来，管理者完全不关注和了解他们具体做了什么。

正如前文我们提到的，你在跟进员工的表现时要重点关注他们的行为表现，这是你对员工进行准确评价和反馈的基础。在表扬或批评员工时，你也一样需要从描述具体的行为开始，而不是直接表达对员工的主观评价。比如你可以说，"我观察到你有……的行为表现，这其中有些……做得很好，但……仍然有提升空间"。当你这样给予员工反馈时，员工会比较容易接受你指出问题。即使你反馈的是负面信息，员工也会认为你针对的是他们一时的表现，而不是他们个人，更不是在否定他们。⊖

⊖ 阿普特. 赞扬与责备：剑桥大学的沟通课 [M]. 韩禹，译. 贵阳：贵州人民出版社，2020.

第二，以解决问题为导向。获得他人的认可是人的一种底层需要，也正因为如此，人们往往更乐于接受表扬而回避批评。很多有同理心的管理者也更乐意去表扬员工，而不愿批评员工。他们会避免直接批评，或者尽量把批评表达得很含蓄，以图降低对员工的伤害。

我们在前面提到，管理者应该学会发现员工的微小进步，更多鼓励员工，而不是只看到员工的问题和不足。但管理者对员工进行辅导，本质上就是一个先发现员工的问题，再与员工沟通问题并指导员工改善的过程。无论你如何修饰自己的语言，当你指出员工的问题并试图让他们接受和改善时，在员工看来，都是某种形式的"批评"。

因此，作为一个对员工负责的管理者，指出问题和批评员工是在所难免的。你需要学习的，不是如何委婉地、不让员工受伤害地批评，而是在指出员工的问题后如何帮助他们进步。

这就要求你以解决问题为导向，以帮助员工成长为目的，并有一定的反馈技巧。

首先，你在批评员工之前，可以先肯定员工过往的表现。这样做的好处是有助于营造双方沟通的氛围，不至于一开始就剑拔弩张。当然，在肯定员工的表现时，你仍然需要以事实为依据，不然反而会让员工觉得你虚情假意。

其次，在指出员工的问题时，你要尽量谈得具体，针对具体场景的具体行为，而不要对员工个人的态度、努力程度、能力等做直接评价。如果员工不同意你的意见，或者指出很多客观原因或理由，你要聚焦于如何解决问题和改善，而不要争辩对错，也不要试图一定让员工承认错误。

最后，也是最重要的一步，你需要和员工明确表达你对他的期待和信心，把讨论的重心放在如何改善具体的行动上。

第三，保持真诚。表扬或批评并不仅仅是你单方面去评价员工，也是你和员工双向沟通的过程。要做到这一点，需要你做到真诚。

在辅导中，真诚有两层意思：一是你是否真心为员工着想，二是你是否能和员工坦诚相待。真心为员工着想，意味着你会从帮助员工成长的角度去考虑问题。尽管你有时言辞和方式不太得当，员工也能体谅你的苦心。

和员工坦诚相待则意味着你不掩饰自己。比如，当你因为某些原因近期没有关心员工时，你能坦承是自己不上心；当你因为自身问题，在批评员工时过于情绪化时，你能坦承是自己没管理好情绪；当你因为经验不足或判断失误，指导错了员工时，你能坦承是自己的错误等。如果你做得到这些，那么无论你用什么方式去跟员工沟通，员工都更可能对你敞开心扉，听取你的意见，并跟你讨论如何改进。否则，即使你很有技巧，员工也会轻易看出你的敷衍和套路。

| 小 结 |

员工的能力提升需要经历持续练习和反馈的过程。管理者需要在这个过程中持续跟进员工的行为表现，及时发现并指出员工的问题，帮助他们持续改进。管理者还需要及时看到员工取得的进展，并及时给予鼓励和肯定。

1. 把辅导当成项目来管理：跟进最难的地方在于坚持，管理者可以按照管理项目的方式，始终聚焦辅导目标，制订跟进计划，明确责任人，使用辅助工具，以帮助自己形成跟进的习惯。

2. 对员工的成长有耐心：员工的成长并非一蹴而就，管理者需要给员工时间和试错的空间，并且当员工取得进步时，即使没有达到期待，也要给予正向的鼓励。

3. 做出正确的批评和表扬：跟进是评价和反馈的基础，要做到正确地批评和表扬，管理者要以事实为依据，以解决问题为导向，并在沟通时保持真诚。

制订你的发展计划

关键跨越	行为构面	行为表现	是否要提升
辅导 他人	投入时间	安排时间定期对员工进行辅导	
	激发动力	让员工了解其工作表现与绩效要求的差距，提出改进建议	
		帮员工分析其在企业内的职业发展路径和晋升机会	
	指导跟进	通过带教、示范等方式直接指导员工的工作	
		分享个人的成功或失败经验，供员工借鉴和学习	
		给员工分析问题，引导其发现问题症结并制订解决方案	
		定期跟进和复盘员工的改进状况，提供持续的反馈和指导	
具体行动			
检验方法			

| 第五部分 |

————

成为管理者

| 第 19 章 |

管理者发展的全景图：五个阶段的关键跨越

一个人在职业发展过程中会经历很多角色，无论是初出茅庐的职场"菜鸟"，还是高管或者自己创业的老板，都在不断地动态发展。本书前面的章节和大家一起梳理了成为新手管理者的关键要求，相信大家可以充分感受到这个角色转变中的挑战。我们结合自身多年顾问工作的观察，希望在本章中帮助你看到管理者发展的全景图，预见到各个阶段的关键转折点，也帮助你在职业发展的各个阶段明确不同角色的变化，并做好准备。

按照组织设计的原则，参考拉姆·查兰在《领导梯队：全面打造领导力驱动型公司》⊖中对领导力发展阶段的划分，我们将职场角色归纳为五个阶段：管理自我、管理他人、管理管理者、管理职能 / 事业部、管理企业。当

⊖ 查兰，等 . 领导梯队：全面打造领导力驱动型公司 [M]. 徐中，林嵩，雷静，译 . 北京：机械工业出版社，2016.

然,行业不同,企业架构和职位体系的复杂程度也会不同,但就角色挑战来说,晋升路径的关键转换就包含这几个主要的阶段(见图 19-1)。

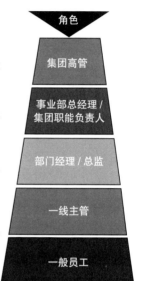

角色定位——管理企业
管理整个企业,对企业的整体运营与发展负责。主要职责是确保企业基业长青

角色定位——管理职能/事业部
管理某个职能部门,对所辖职能部门的各项事务有直接决策权。主要职责是确保职能部门有效运作,且能够有效支持企业战略的实现

角色定位——管理管理者
管理多个一线经理(偶有部分个人贡献者)。主要职责是管理一线经理,确保其一线的执行与企业战略方向保持一致

角色定位——管理他人
管理一个团队(由个人贡献者组成),对团队的工作结果负责,并对团队人员有直接的人事决策权(或至少能影响团队成员的人事决策过程)

角色定位——管理自我
管理自己,对自己的工作结果负责,不带人

图 19-1 职场角色的关键转变

根据这五个阶段的职位特点,结合我们在 217 个领导力建模项目中对上千名 HR 和管理者的访谈,以及对 200 万份管理者测评数据的分析,我们总结了职场人,尤其是管理者在这五个阶段中的关键任务、关键挑战和关键跨越(见表 19-1)。

表 19-1 管理发展的五个阶段

管理发展阶段		关键任务	关键挑战	关键跨越
L1	管理自我	**达成目标** 　发挥自己的专长,交付预期的结果	● 稳定可靠地交付工作成果 ● 保持并提高专业的水准和效率 ● 与客户和工作伙伴顺畅沟通	● 高效执行 ● 展现专业素养 ● 有效沟通
L2	管理他人	**使众人行** 　让正确的人在正确的位置,做正确的事	● 获得团队的认可和信任 ● 让团队稳定可靠地交付工作成果 ● 帮助团队改进和提升	● 承担管理责任 ● 推动执行 ● 辅导他人

（续）

管理发展阶段		关键任务	关键挑战	关键跨越
L3	管理管理者	**中枢联结** 联结企业高层管理与一线执行，确保一线执行符合企业的目标、重点和节奏	• 系统性地解决问题 • 让一线管理者充分发挥作用 • 统一目标，平衡资源和利益	• 系统化思考 • 授权 • 协同增效
L4	管理职能/事业部	**发挥职能/事业部的优势** 充分发挥职能/事业部的优势，提升职能/事业部的效能，支撑企业的持续发展	• 应对常态化的模糊和不确定状况 • 以经营思维管理职能部门或事业部 • 确保人才梯队支持业务持续发展	• 模糊决策 • 经营意识 • 构建人才梯队
L5	管理企业	**领导企业成功** 使企业的管理与运营有效支持战略目标的达成，带领企业持续发展，实现基业长青	• 制定和落实企业的战略 • 建设和提升组织能力 • 创建具有感染力的美好组织构想	• 具备战略远见 • 促进组织优化 • 共启愿景

本书重点讨论了在“管理他人”上的关键跨越，也就是从 L1 到 L2 这一重大角色转变。原因是，这种转变是管理者角色从 0 到 1 的变化，从对自我负责到对他人负责，对人的能力拉升是全面的，这种转变也是管理者职业生涯中新的起点，也是我们认为最重要、最难完成的跨越之一。

但这仅仅是起点。我们要看到，随着管理角色的不断拉伸，从管理几个人到管理几十个人，从管理几个团队到管理一家企业，在角色、挑战、能力要求上都有巨大的不同。在我们过往的研究中，职业转型最重要的第一步就是“角色认知”，也就是清晰地明确自己的角色、上级的角色、下级的角色，以及自己未来的角色。因此我们在本章全面地和大家一起看看管理者发展的全景图，通过对相应能力的学习和认知，帮助大家更好地理解和适应“不同角色”之间的关系，并对管理形成系统化的思维。

管理自我

除去在学生阶段直接创业的人，绝大部分人在职场的第一阶段都是“管理自我"。这个阶段对于一个人的职业生涯至关重要，因为在这一阶段历练获得的初始能力是管理者持续发展的基础。也就是说，首先需要管理好自我，才谈得上管理他人，就像作为父母，首先自己要成为一个"成年人"，才能对孩子负责。

在这个阶段，员工会收到一个明确的工作目标，比如完成每个月的销售任务，执行一次市场活动，完成一个产品模块的设计，演示一个解决方案，做好财务数据的统计，处理好客户的投诉等。这时你的角色是个人贡献者，与团队中的其他人一起工作，关键任务是达成工作目标。在这个阶段，大部分职场人主要面临以下挑战。

第一，稳定可靠地交付工作成果。这首先意味着大部分时候你需要如期保质地完成任务，想办法克服可能存在的困难，以及突破资源、条件的限制。同时，在自己无法解决问题或掌控局面的时候，能对事态和自身能力有准确的判断，并及时向上级寻求帮助。检验你完成这一关键任务的标准是"稳定可靠"，优秀的个人贡献者能做到"凡事有交代，件件有着落，事事有回应"。

第二，保持并提高专业的水准和效率。这要求你在与工作相关的专业上达到和保持一定的熟练度。就像飞行员的飞行时数一样，每类工作都有一个"熟练度"的衡量标准。这意味着个人贡献者不仅要有专业知识的学习、专业技能的提升，还必须有足够的实践经验累积。学习成长有一个客观规律，按照大部分人的学习和成长速度，每行每业都有一个达到熟手水平的平均周期。比如在互联网公司，一个中级的产品经理通常需要有 3～5 年的相关工作经历；而在生物制药行业，研发人员则需要更长时间的积累。通常专业性要求越高，所需的时间越长。悟性再高的人，也得有足够多的实践积累，也需要一定时间的打磨，无一例外。

第三，与客户和工作伙伴顺畅沟通。一方面，现代企业中的每项工作几乎都是团队作业，或者至少是完整工作的其中一个模块或环节。你需要跟工作伙伴顺畅地交流，同时通过沟通去争取资源或他人的支持。很多时候，要在职场上高效、高质量地完成工作，不能光靠个人，要能协调资源和向他人借力。沟通能力与个人专业能力并驾齐驱，是保证工作结果的关键支撑。另一方面，在面对客户时，工作结果不仅取决于你做了什么，还跟沟通技巧有关。很多时候，如果不能完全满足客户的要求，及时的沟通、清晰明了的解释，以及对言语以外信息的把握和回应能力，就显得尤为关键。

根据上面的角色分析，如果你是一名新手管理者，你可以很清晰地抓住核心，员工最需要具备和提升的三项能力是**执行、沟通、专业**，这也是在这一阶段需要完成的关键跨越。这三项能力看上去非常"普通"，甚至很无趣，但从我们对绩优员工分析的经验来看，这是最基本的要素。

第一，目标意识和执行力，几乎是每位企业经营者都最看重的能力。我们访谈过的很多位高管都认为，优秀的员工身上必不可少的品质一定都包含目标感和执行力，"我看好的员工，目标感很强，会拿到确定性的结果"，高管经常会这样描述他们青睐的员工。其实这项能力并不仅仅是在 L1 阶段，甚至一直到管理者的最高阶段都仍然是区分优秀者与平庸者的关键能力之一，因此这项能力在职业早期的训练就非常重要。

第二，沟通能力。对于沟通能力大家有很多误解，很多时候大家感知到的只是普通的"表达能力"，而"沟通中的换位思考""有效倾听""有效沟通"，也将为未来团队管理中的人际管理能力打下基础。

第三，专业能力，或者俗称的业务能力，对于很多人来说可能有个误区。很多管理理念倡导管理者并不一定是业务的顶尖高手，甚至会反推业务高手不一定适合做管理，比如顶尖的销售人员往往是"独狼"，最好的程序员做了管理者可能是最大的浪费等。但不可忽视的是，专业能力代表了领域内知识的积累，以及持续的学习能力，它既是成为优秀员工的立根之本，也是未来在管理角色中"辅导他人"和"高质量决策"的基础。所以我们可以看到，每一项当前角色的关键任务和能力，也是下一个发展阶段的前提。

管理他人

迈过个人贡献者的阶段，开始管理一个团队，这也是管理旅程的起点，即"管理他人"的阶段，这一阶段的关键任务从自己完成工作变成了带领团队完成工作。本书前面的章节一直在讲述这个过程中的挑战和如何适应。

为什么我们一直强调这个角色的转变至关重要？因为很多人作为一个员工的时候，并不清楚管理所面对的挑战，他们只看到管理工作似乎并不那么复杂，挑战不太明显，而且有诸多好处，例如获得更大的权力，不用再亲自做很多细节的工作，薪水更高等。本书用了很长的篇幅让大家来理解，从个人贡献者到管理者的挑战并不小，甚至会让一个曾经很优秀的人轻易"翻车"。

管理他人阶段有以下三个关键挑战。

第一，获得团队的认可和信任。这并非易事，管理者拥有的职权并不会天然让团队认可他，必须符合团队对管理者的期待才能赢得尊重。比如，在关键时刻冲在团队前面，严于律己，能为团队做决定并为结果负责，以及能更多考虑团队而非自己等。在建立信任的过程中，我们访谈的很多员工首先提到的是管理者要有很强的专业能力和判断力，也就是上一个阶段的关键跨越。员工期待的管理者要具备广泛的知识和技能，同时要对团队取得成果做出重要贡献。

第二，让团队稳定可靠地交付工作成果。这意味着管理者得使用"制定目标和计划、分配任务、组织资源、跟进过程、检验结果"等一系列管理手段。这考验的是，管理者得对要完成的目标和所做的事有清晰的认识和判断，同时把握每个下属的水平和状态。更关键的是，管理者还得让下属充分认同自己的目标和负责的工作。管理者需要建立一个流程，实时掌握执行的情况，根据不同人和事的状况采取合适的干预手段，让团队中的每个人都能按预期完成工作。从这个角度分析，"管理他人"显然比"管理自我"难多了。

第三，帮助团队改进和提升。团队中既有职场新人，又有能力有所欠缺的下属，还有发展遇到瓶颈的"熟手"，管理者要通过工作任务的分配、指导、授权来让团队均衡地成长。这是这个阶段需要格外历练的能力，因为这项能力在个人贡献者阶段无法获得锻炼。管理者需要频繁去补救员工的工作失误，总是看到团队的问题甚至疏离团队，都是不胜任这个阶段角色的迹象。

新手管理者在这个阶段需要完成的发展任务是**承担管理责任、推动执行和辅导他人**。这三项关键能力是本书讨论的重点，在之前的章节中也和大家逐一探讨了这些能力如何发展，这里不再赘述。

管理管理者

一线管理者进入下一个阶段后开始管理多个团队，直接下属也由一线员工变为管理者。这个阶段很有意思，你的直接管理人数会变少，但是管理的总人数会变多，多级架构开始形成。这个阶段的角色常常是我们在企业中看到的中层管理者，也往往是新手管理者的直接上级。

中层管理者是承上启下的中坚力量，承担着企业战略的执行，是高层管理者和基层管理者沟通的桥梁。尽管在很多新的管理理念中，企业要从科层制转向更扁平的自组织，但是中层管理者所扮演的翻译、解读、执行、监督角色不可能被替代。如果说管理他人阶段从负责自我转变为负责他人，那么管理管理者这个阶段是开始真正思考"大团队"的重要分水岭。在这个阶段，你将面临的核心挑战如下。

第一，系统性地解决问题。当管理一个团队时，管理者可以跟进团队的每项任务，定期与每个下属一对一地沟通，亲自参与重点事项。但当管理多个团队时，你再用这种方式就会难以兼顾。这时你需要改变解决问题的方式：首先，不应再就问题解决问题，而是要抓住根本规律，抽象和简化问题，并把问题归类处理；其次，着眼全局，聚焦关键和重点问题，抓大放小；最后，抓住问题间的相互关系，整体把控和布局。

第二，让一线管理者充分发挥作用。这是你能够应对更多问题的另一种有效途径。让所有一线管理者管理好他们自己的团队，确保每个团队稳定可靠地交付工作成果。这听起来很简单，但前提是你需要了解每个一线管理者的水平和所带团队的状况，以及准确判断他们能完成的工作和可以挑战的范围。在充分授权的同时，你需要根据每个一线管理者不同的状况，把握好干预和支持的程度，并且辅导和赋能一线管理者带好他们自己的团队。

我们看到很多尽职尽责的管理者在承担管理责任、辅导一线员工上都非常出色，对待工作一丝不苟，以身作则，但团队"一刻也不能缺少他"，如果出现这样的情况，他就还没有完成从"管理他人"到"管理管理者"的转变。当对象不同的时候，授权和赋能的力度不同，对下属的激发作用也不同。

第三，统一目标，平衡资源和利益。管理者带领的各个团队之间，会自然地相互比试和争夺资源。鼓励团队间适度竞争，是激发团队活力的有效方式。管理的难点在于保持良性竞争，避免团队的内部消耗，同时在资源和利益分配上保持公平性。这要求管理者能使各个团队始终聚焦于整体的大目标，并使小团队的目标与整体目标保持一致，同时让各个小团队之间形成合力，产生相互促进的作用。即使在个别问题上存在矛盾，或者短时间内需要个别团队让渡资源和利益，管理者也要能引导大家始终以实现大团队目标为前提，建设性地解决内部的冲突。

因此，当你向上级提出问题后没有很快得到响应时，换个视角来看，你需要理解你的上级的角色和挑战不同，他可能在更加系统性地考虑长期问题，或者需要搁置问题来平衡资源，甚至是忽视问题以更大地授权，这些都是与管理他人这个层级不一样的情境。所以真正的向上管理，是理解上级面临的真实挑战后的选择。

总结一下，管理管理者角色有两大转变：一是从一线的直接管理到二线的间接管理，二是从单团队到多团队。在这个阶段，管理者处理的问题更多、更复杂，解决问题的手段却更间接、更系统，因此，需要在**系统化思考、授权、协同增效**三个关键跨越上取得突破。这是管理者用有限的时间和精力让多个团队稳定可靠地交付工作成果的关键。

管理职能 / 事业部

中层管理者继续晋升，就需要管理整个职能部门或者事业部。资金、产品、人才、品牌、销售渠道和销售能力等是企业整体竞争力的核心构成，对应着企业的职能部门或事业部的职责。

在这个角色下，最大的一个改变是从执行者到规划者。当你是一名普通员工，甚至是中基层的管理者时，你的任务和指标都仍然是清晰的，而到了管理职能 / 事业部的阶段，规划和设计的比重开始大幅增长。这时你不再只是一个将目标变现的人，目标和路径的规划与方向的选择成了挑战。这其中管理者也会从被动执行转变为主动实施。在这个阶段，管理者主要面临的挑战如下。

第一，应对常态化的模糊和不确定状况。在之前的管理阶段，管理者更多是在既定的方向和目标下决定如何达成目标，而在这个阶段，管理者需要给职能部门或事业部指明方向，明确目标，同时也需要更多地从外部环境、行业和市场考虑问题，并兼顾当下和未来。这时你面对的大多是不确定的问题以及边界模糊的状况，需要你能模糊决策，为职能部门或事业部指明方向。

　　第二，以经营思维管理职能部门或事业部。经营思维是这个阶段非常核心的一个认知转变，这要求管理者开始正确认知管理与业务结果，并真正为结果"买单"。如果管理者在这个阶段没有充分认识到取得结果的关键路径，忽视以客户为导向的业务和以业务为导向的管理，只是努力做好了"管理流程"，仍然在"正确地做事"，就会造成管理无法导向正确结果的局面。

　　管理者负责的范围扩大到整个职能部门或事业部后，只关注具体事项的落地执行就不够了。这时管理者应该发挥的作用是，策略上的指导和机制上的保障。假设一个营销负责人管理全国四个大区，一共 30 多家区域分公司。这时他参与某个区域的业绩管理的意义很小，对总体业绩的增长也是杯水车薪。他更应该通过目标的管理、策略性牵引、工作的规划和资源的配置去达成目标，例如让某些大区重点聚焦于某几个行业，另一些大区调整业务结构等。这要求管理者有经营职能部门或事业部的思维，以回报最大化为目标指引部门工作开展，如果打个比喻的话，就是根据手上的牌，安排好组合，布局好出牌策略，最大化可取得的收益。

　　第三，确保人才梯队支持业务持续发展。这个阶段的管理者不仅要为当前的目标负责，还要更多考虑如何应对不确定和业务的长期发展。这时建立起人才梯队就变得至关重要，管理者要确保业务不会因为某些核心人员的流失而受到影响。就像篮球队或足球队一样，在场上的主力队员出现状况时，能随时让场边的替补队员立马顶上，在确保正常比赛的同时仍有机会获胜。

　　当管理者发展到这个阶段时，管理工作有更明显的 VUCA 特征，即易变性、不确定性、复杂性和模糊性，需要管理者能够应对这种状况，模糊决策，给团队指明方向。同时，管理者的责任范围更大，并需要兼顾当下和长远的发展。因此，**模糊决策、经营意识、构建人才梯队**是管理者在这个阶段需要重点发展的能力，也是这个阶段的关键跨越。

管理企业

　　管理企业这个阶段通常是职业发展的高位，发展到管理企业的阶段，领导企业成功自然是管理者毋庸置疑的关键任务。在这个阶段，管理者自身与企业的关联变得更加紧密，甚至会直接影响企业的成败。在这个阶段，管理者会面临的关键挑战如下。

　　第一，制定和落实企业的战略。战略不是一个简单的数字目标，而是要指明企业在市场竞争中的定位和取胜的策略。这要求管理者能看清当前的市场状况和未来的趋势，判断企业的机会，选择能将核心优势发挥出来的"战场"，并制定能够制胜的策略和措施。作为管理者甚至是经营者，对战略的思考是第一重要的，因为这个职能和责任无人可以替代。组织像一辆战车，需要真正的管理者对包括外部信息（比如客户、市场、竞争者）和外部环境等在内的问题进行全盘的思考，带领组织和员工一起迎接新的机会与挑战。

　　第二，建设和提升组织能力。这是企业战略实现的保障，管理者得让企业有效运行，并保持竞争力。例如，快速发展的初创企业会更多聚焦于业务的发展，忙于"攻城略地"，依靠一些创业英雄带着团队快速打下市场。组织的管理应尽可能灵活，不要有太多流程、制度，部门和岗位也不要拆分得太细。但当企业发展到一定规模后，这种自发、灵活和混合的状态就会变成一种灾难。员工能力与业务需求的差距难以弥合，工作效率开始下降，内部冲突增多而很难协作。这时企业发现，要再实现增长，付出比之前多一倍的努力也未必能收获之前一半的效果。此时企业需要开始完善体系，优化流程和进行工作分工，更多靠体系和流程推动企业发展，而不是靠员工个人自发的行动。要使企业有能力落实所制定的战略，管理者得根据业务的发展需要和企业当下的运行情况，动态和持续地优化组织能力。

　　第三，创建具有感染力的美好组织构想。柯林斯研究了一批能成功穿越经济周期的企业，在《基业长青》[⊖]里总结了这些企业的独特之处，其中一项就是企业需要有利润之上的追求。一个能够基业长青的伟大企业，需要有理想的牵引。员工对企业的期待，既有报酬、人际情感的收获，也有理想和价值的实现。无论是为了企业的长远发展，还是为了激励员工，管理者都需要制定能够振奋人心的愿景，以超越利润的美好构想来牵引组织的持续发展。组织的活力是管理组织的高管需要持续关注的话题。

在当今的社会中，人才和组织的关系开始变得更加灵活，组织不再仅仅依赖从上至下（up to down）的执行，依赖从上至下执行的组织逐渐变得臃肿而行动迟缓，无法适应充满变化和不确定的商业环境。打造敏捷组织，通过不断地优化组织，激发所有员工的工作热情，需要高管和所有管理者在思维上持续做出改变。在这个组织变革的过程中，新手管理者是管理者数量最多、对员工影响最直接的群体，也需要考虑新组织的敏捷、透明和赋能。

管理者发展到这个阶段，要带领企业成功并持续发展。这要求管理者具备战略远见，为企业指明发展方向、选择正确的"战场"和制定有竞争力的发展策略。此外，管理者要能让企业一直保持匹配发展需求的运行状态，要能够持续促进组织优化，使企业具备有竞争力的组织能力。最后，企业要有利润之上的理想，管理者与员工共启愿景，以有感染力的美好构想去激发员工为美丽的事业努力。总结而言，**具备战略远见、促进组织优化和共启愿景**，是这个阶段管理者的核心发展任务。

补充能力和角色

除了以上这些关键能力，在高层管理者的能力范畴，还有几个非常底层的能力也会起到决定性的作用。在我们对 CEO 和创始人的访谈及北森人才

⊖　柯林斯，波勒斯 . 基业长青 [M]. 真如，译 . 5 版 . 北京：中信出版集团，2015.

管理研究院的大数据库中，有几项软性素质也值得关注，对我们所有人都有启发。

第一，清晰的自我认知能力。一个成功的管理者必须非常清晰、准确地了解自己的优势和劣势。我们在给高管教练的过程中体会格外深刻，只有对自己的能力和个性认知客观，保持谦逊和适度边界的管理者，才有可能持续成长。

第二，持续学习能力。新时代的管理者如果不能持续学习，很难对事物做出清晰的判断。管理者只有通过持续学习保持自己对世界的敏感性，才能够不断地带领组织发生变化。

第三，弹性和坚韧。企业在发展历程中一定会遇到很多挫折，一个真正的管理者在生存问题面前的坚韧程度，在面对复杂问题时的弹性，都是非常关键的。这项能力甚至是一切其他关键能力的基础，因为如果管理者在面对残酷的竞争时没有坚韧不拔的毅力，就很难带领团队持续走下去，管理者个人和团队未来的其他可能性也就无从谈起。

此外，大家可能会发现，我们没有单独界定"创业者"这个角色。当然，有时创业者可以合并到"管理企业"这一层级。但更多时候，对于真正意义上的创业者，尤其是小微企业的初创者，我们很难单纯地界定其能力边界。因为他们往往横跨多个角色，有时候需要制定战略，有时候必须挽起袖子亲自干一项很具体的专业工作，还有时候需要扮演好"建立成功团队"的大家长角色。因此我们看到的优秀创业者，有的接受过职场完整阶段的能力训练，有的是随着企业从小变大才逐步升维了自己的能力。但无论是哪种创业者，都需要注意：一是随着企业的不同生命周期进行角色的切换，二是思考如何将个人能力转化为组织能力并采取行动。

关键跨越

通过前面的描述，我们了解了每个角色所面临的挑战。要应对这些挑战，每个角色需要的能力是非常复杂的，关键跨越涵盖了思维模式、行动风格、人际互动、自我管理四个方面的发展需要。

关于关键跨越的习得与提升，我们会观察到很多管理者常常会陷入一种职业发展的瓶颈，也就是当发展到某个阶段后，就很难再有新的改变。这其中一方面有成人学习模式固化的原因，但另一方面，更多是因为管理者走不出自己的"能力陷阱"，乐于做那些自己擅长的事情，最终导致他们就只擅长这些事。这也是我们特别说明每个阶段的关键挑战的原因，我们希望通过让大家"看见差距"，激发大家的成长动力。

我们访谈过很多职场中的新人，他们中的很多人对于管理者的理解都限于给他们开开会、讲讲话的人。甚至一些我们访谈过的中层管理者，他们有超过 10 年的工作经历，也不能很快说出他们的上级所面临的难题和挑战，因此大家自然会困惑于如何"向上管理"，如何与高层"同频"。但这都还只是不同层级的员工和管理者的表面需求与矛盾，从深层次来说，这反映的是员工和管理者没有真正理解职场中每个阶段角色的不同。我们希望本章的全景描述可以让你对管理能力的变迁有一个整体的认知，从而更好地做好准备。

如果你想跨越这些障碍，更好地习得这些能力，你可以参考我们提供的如下建议：首先，了解这些能力本身，不仅仅是词汇，还有行为的完整链条，需要像具备这些能力一样去思考；其次，保持刻意练习，很多角色固化多年之后会形成条件反射式的经验，这时你就要有意识地去刻意练习，不只限于自己思考，更需要加强内外部的社交，模仿他人有时候也是一种很好的学习方式；最后，做好打持久战的准备，改变不是一夜之间就能完成的，尤其是对于成人来说，过往的经验往往是一把双刃剑，思维模式、行为模式和互动模式的改变需要潜心积累，是一个从量变到质变的过程，这个过程在早期往往是毫无踪迹的，需要我们保持耐心和信心。

| 小 结 |

1. 一个人的职业发展会历经很多角色，了解管理者发展的全景图，能帮助你提前做好准备，学会换位思考，理解上下级的工作挑战和想法。

2. 你会经历的职场角色有五个阶段：管理自我、管理他人、管理管理者、管理职能 / 事业部、管理企业。

3. 管理自我阶段的关键挑战：稳定可靠地交付工作成果、保持并提高专业的水准和效率、与客户和工作伙伴顺畅沟通。所需完成的关键跨越：高效执行、展现专业素养、有效沟通。

4. 管理他人阶段的关键挑战：获得团队的认可和信任、让团队稳定可靠地交付工作成果、帮助团队改进和提升。所需完成的关键跨越：承担管理责任、推动执行、辅导他人。

5. 管理管理者阶段的关键挑战：系统性地解决问题；让一线管理者充分发挥作用：统一目标，平衡资源和利益。所需完成的关键跨越：系统化思考、授权、协同增效。

6. 管理职能 / 事业部阶段的关键挑战：应对常态化的模糊和不确定状况、以经营思维管理职能部门或事业部、确保人才梯队支持业务持续发展。所需完成的关键跨越：模糊决策、经营意识、构建人才梯队。

7. 还有几个底层能力，在整个职业发展过程中也起着决定性作用。这些能力包括：清晰的自我认知能力、持续学习能力、弹性和韧性。

8. 发展关键跨越上的能力要做到：充分了解这些能力的完整行为链条；保持刻意练习；做好打持久战的准备。

| 第 20 章 |

一生的修炼，更好的自己

在过去十多年的管理咨询、人才盘点、教练反馈的顾问经历中，我们看到了许许多多职场人的角色转换，这其中有很多成功者，也不乏沮丧的挫败者。复盘很多人的职业经历，让我们更清晰地认识到，管理不仅仅是一次晋升、一个角色、一份工作，管理者在管理中经历的挑战和转变往往是伴随终身的。我们访谈过很多企业的高管，尽管他们已经拥有数十年的管理经验，但并不能保障他们在面对新的问题时，仍能保持游刃有余。管理工作十分复杂与艰辛，即便是最能干的那些管理者也需要持续不断地学习，因为商业环境、下属、组织氛围都是动态的。管理历程除了会带给你挑战，也是一份礼物，因为管理工作要承受的外部"压强"能够一直让你保持足够的警醒，更加敏捷地适应新的变化。

在我们的观察中，尽管有一些人可能"天生"更适合当管理者，比如他们拥有高影响力和人格魅力，能够使人愿意追随，但绝大部分管理者在职业早期都会经历一些"抓狂"的时刻，这时我们需要做的就是：面对它，适应它，跨越它。

至暗时刻

一个管理者被宣布晋升后，在愿望实现的成就感、同事赞许的眼神中收获了自己的高光时刻。但接下来你会发现，很多事情没有想象的那么美好，糟糕的状况持续出现，伴随着这种感觉的，通常是长达数月的"至暗时刻"。

你最先面临的状况就是"失控"。 晋升为管理者之后，工作方式就从自己努力完成工作，变成通过他人的努力完成工作。别看都是"努力"，但努力之后的结果常常大相径庭。由于个人心态和工作习惯很难在短时间内完成转变，新手管理者总会感觉"通过他人开展工作"如同隔山打牛，结果不可控，心中没底。

我们观察到失控最鲜明的特征之一是管理者工作的时间越来越长，但结果越来越糟。很多新手管理者看到下属无法完成任务，或者担心出错，对下属不放心，出于对效率和成果的考量，会索性选择自己上手干。管理者事必躬亲，在执行性工作上投入大量时间，会渐渐发现自己每天都有做不完的事情。把时间花在自己喜欢做或者擅长做的事情上，是每个人不自觉的行为。德鲁克在《卓有成效的管理者》⊖中提到，人对时间的感觉是最不可靠的，如果完全靠记忆，我们恐怕说不清楚自己的时间是怎么被消耗的。

当管理者的"时间"失控之后，这种忙碌的假象还会造成一连串的负面效果。在管理类的工作中投放的精力不够，工作成效不明显，进一步在事务性的工作中寻找成就感，叠加形成恶性循环，直到被动或主动完成角色转变。

⊖ 德鲁克.卓有成效的管理者 [M].许是祥，译.北京：机械工业出版社，2019.

此时下属要么因为无法获得能力提升和成长，逐渐形成依赖，长期占用管理者的时间，要么感觉工作能力不被信任，滋生反感情绪。

然后你会发现自己变得很不"自由"。很多人对管理者的向往是，做员工时常常被上级监督，以为管理者有很大的自由度，自己当了领导，就不再受人管。但事实上成为管理者后，受到的约束比原来还多，原来只是向上级汇报结果，成为管理者后除了有上级管，下属还会有期待，平级还会需要彼此协调和监督，管理者要面对来自客户、上级、下属及跨部门的多方压力，各自都有立场和需求，很难分清楚轻重缓急，弄不清应该优先处理谁的问题，以及应该分配多少时间和精力处理。你会发现，自己从自我管理者和上级管理者，变成上下左右的网状联络，如果对自我有更高的要求，还会受到更多的约束，并没有获得此前所想象的自由度。

除了工作模式之外，管理者的工作任务和工作责任也与之前不同，要为上级负责，还要为团队和下级负责，为团队的每个人负责。当你是个人贡献者时，你可以自由选择自己的工作方式，甚至可以无所忌讳地表达自己的想法，但成为管理者后，你的言行不仅会影响到个人，还会影响到团队，你要更谨慎和自律。

接着你会为复杂的人际关系而苦恼。和业务骨干相比，新手管理者的工作内容发生了很大变化，容易让新手管理者产生很多人际上的困扰。你不得不花很多时间进行看似"例行的开会"和"无意义的谈话"。很多管理者会发现需要消耗大量的精力在非业务工作上。但管理者需要从业务中抽身出来，在管人上投入更多精力。就本质而言，管人跟管业务是没法分开的，或者管人跟管业务是一枚硬币的两面：一个管理者如果不考虑人的因素，是无法分解和布置好任务的。

管理者需要花费时间打造核心团队，找人识人用人，规范团队角色分工，组建核心团队比想象中更花费时间，而以前作为业务骨干并不需要为团队建设的事情而烦恼。团队组建好后，管理者还要面对人员管理问题，要对每个下属的成长负责，而下属具有多样性，每个人的成熟度、性格都不一样，没有办法用一刀切的方式对待，这意味着更大的人际挑战。

新手管理者要进行的一个最大转变是，从关注自己、关注任务转变为关注别人、关注管理，通过别人来完成工作。我们观察到，那些更擅长做事，而不是和人打交道的新手管理者在角色转变上会面临极大的困难。很多管理者和我们交流，他们不喜欢过多地和员工交流，常常觉得时间都被人际上的多重沟通浪费了，甚至对管理产生了一定的厌倦。从关注事转变为关注人很难，但无法直接跨越，唯有面对。

最后你不得不体会管理的孤独。 新手管理者作为员工时，往往是"好员工"，经常因为绩效优秀被上级表扬。成为管理者之后，来自下属的评价、期待，往往给管理者带来巨大的压力，有些管理者会不自觉地去迎合他人，想要被他人喜欢。

曾经有一位名校优秀毕业生在一家企业由于表现优秀，获得了非常快速的晋升，但晋升也给她带来了很多苦恼。她发现，自己很快被"同辈"孤立了，之前和她一起入司的人纷纷成了她的下属，她需要去面对这些过去同事的问题。尤其是在处理批评和绩效不佳的时候，人际上的冲突给了她巨大的压力。她说："我感觉很难受，刚刚在会议室批评了一个人，中午还能若无其事地一起吃饭、开玩笑吗？"这时，心态上的准备就格外重要，你得学会不能单凭他人的肯定而获得成就感，也不能因被他人"讨厌"就自我怀疑。

对于每个管理者来说，很多艰难的决定需要独自面对，比如是否挽留一个员工，以及如何完成不可能的任务等。外部的噪声很多，你必须搞清楚当下哪件事最重要、哪件事最有风险、直接下属的发展阶段、每个下属可以放手到什么地步。这些决定很多时候都需要你自己想清楚，这个时刻是很难让别人和你感同身受的，所以做好管理者很不容易。

好的开始，是成功的一半

看了这些"至暗时刻"，是不是有一种"上了贼船"的感受。的确，一旦成为管理者，你就会面临这样那样的问题。但好消息是，几乎绝大部分问题都可以随着经验的增加而逐步解决，而且，在扑面而来的问题上，你并不孤单，几乎人人如此。

有句话叫作"好的开始，是成功的一半"。对于管理者，这句话同样适用。基于我们的顾问观察和相关的研究，新手管理者所经历的这些痛苦转变，在职业生涯早期形成的这些思维、行为习惯，对未来的发展有至关重要的作用，只要你挺住，往往就获得了一个好的开局。

首先，用多维视角分析问题。对于同一个问题，要尝试从不同的维度去思考，例如员工、部门、公司维度甚至是时间维度，又如行业、竞争、客户维度，还有产研、营销、财务等不同职能的维度。多维视角，让新手管理者不至于困在局中。有悟性的管理者愿意承认自己并非无所不知，乐于接纳各种各样的想法，甚至承认自己的局限，而非急于证明自己。

其次，从小团队开始建立原则意识。团队要遵从火炉法则，火炉是烫手的，千万别碰，否则就会烫起泡。制度面前人人平等，公平、公正是最大的规则，要带好团队，必须做到规则清晰，有底线思维。我们看到很多案例，一个"老好人"的管理者一定会制造一个失败的团队，因为他短期地满足了某些个人的利益，让大家感受到一种"轻松愉悦自由"的氛围，但一个没有原则的管理者最终会让整个团队崩盘。领导力是以原则为基础的，成功的公司也一定拥有自己的原则。但反过来说，多个原则，多维度、混乱的原则，也会让团队失败。这就需要我们正确地建立规则、运用规则，并不断地复盘和总结，迭代我们的规则。

再次，学会包容不同类型的人。管理者需要认识到每个人都是不同的，比如有的员工信赖度高，有的员工创新能力强，有的员工执行能力强，尽管你可能有自己的标准和喜好，但学会欣赏各种人，尤其是和自己特别不同的人，是管理者的一大跨越。此外，由于管理者必须学会面对和处理冲突，因此管理者在管理体验的早期阶段可以保持开放性，学会与各种员工相处，这样做可以使你未来的适应范围更广。

最后，学会控制自己。在个人贡献者阶段，管理自己是最重要的内容，但成为管理者之后，自律会变得更重要，这其中包括需要刻意强化的计划能力和情绪控制力。我们曾经追踪过一些管理者的个性测评报告，那些在"情绪控制"和"压力管理"上有明确短板的管理者，在自我感知和他人能力评价上，都很容易被低估，因此管理者要对自己更加严格，这既是管理的负担，也是管理的礼物。

管理的馈赠

虽然我们给了新手管理者很多建议，但可能还是有人会好奇，一个初级的管理者往往没有非常明显的实质利益，比如工资并不见得比专家高，操心却多好几倍，工作时间长不说，还有很多必须背负的责任，这个工作机会真的值得吗？带着这个问题，我们访谈过各层级的管理者，询问他们是否后悔成为一名管理者。但大部分管理者都回答我们，他们痛并快乐着。我们观察那些在职场中被公认为"成功"的管理者，也会看到管理历练带给他们的改变。管理的馈赠主要包括以下几个。

掌握一种实现目标的方法论。多年的顾问工作让我们有一个很深的体会：管理是管理不确定。当把管理经验迁移到生活中时，你会看到一个通用的方法论乃至一个公式。如果你按照以下五个步骤把这些事都做好，你几乎肯定可以成功。这五步是：①有明确的目标；②找到阻碍你实现这些目标的问题，并且不容忍问题；③准确诊断问题，找到问题的根源；④规划可以解决问题的方案；⑤做一切必要的事来践行这些方案，实现成果。你会看到，连续创业者或者在很多领域都取得成功的人，他们本质上是掌握了一种实现目标的方法论，而这种方法论在你作为管理者的历练中会得到充分的锻炼。

很多时候，管理者碍于面子或者因为其他原因，在遇到难题或者超出能力范围的事情时，只想靠自己解决，不愿意向员工暴露自己无助的一面，这其实是不成熟的做法。成熟的做法是以结果为导向，以尽快解决问题为目的，想尽一切办法去解决问题，包括向员工求助，而且敢于向员工求助的管理者，更能受到员工的好评。所以你不必在意解决问题的是谁，重要的是问题能被解决，这是实现目标的另一种思维方式。我们看到，很多管理者开始发生这种转变时，整个人似乎都变得更"智慧"了，因为他将不会受到自己的局限。

变成"成年人"，容忍灰度。一个人在职场中最快速的成熟路径，不是年纪的增加，而是阅历的增加。管理者的阅历是其隐形的财富。《奈飞文化手册》⊖中提到的一个招聘准则就是"我们只招成年人"，"成年人"更能对自己的言行负责，而且除了物质之外，他们更追求有挑战性和价值感等。

从我们的观察来看，从你成为管理者的第一天开始，你就越来越接近"成年人"的标准了。第一，你必须有自己明确而独立的观点，当需要被迫去解决问题时，你得学会界定问题，沟通问题，搁置问题，甚至是妥协问题。第二，你不得不消灭绝对的完美主义。我们见过很多在专业工作上追求极致的人，在成为管理者之后开始变得有灰度。这种灰度不是对追求卓越的妥协，而是对商业、投入产出比的综合考量，即便需要极致完美，也是主动的选择。第三，有能力面对批评，不必担心有弱点，你不是超人。发生这些变化，究其根本是因为你背负的责任不再仅仅是你个人，而是整个团队，因此你必须考虑周全，接纳复杂和不确定。

⊖ 麦考德.奈飞文化手册 [M].范珂，译.杭州：浙江教育出版社，2018.

更易合作，人际能力的提升。现代管理理论之父巴纳德的经典著作《经理人员的职能》[⊖]里有一段话："合作和组织是相互对立的事实、相互对立的人的思想与情感的综合体。管理人员的职能，正在于通过具体活动来促进相互对立的各种力量的协同，调解相互冲突的各种力量、本能、利益、条件、立场和理想。"

管理者在管理团队的过程中，每天都在训练"促进……协同"和"调解……冲突"的领导力模式，这是人际能力的核心。我们见过很多不善人际甚至是略有社交恐惧症的新手管理者，在日复一日的互动中，开始体会"人与人的关系"和"任务"之间的交互作用。在今天的社会环境中，人际能力的重要性不言而喻，因为它不仅仅是关系本身，还是获得更多资源和信息的必备渠道，因此管理历程就是一剂强心针，倒逼管理者必须面对下属、平级、上级等多重角色的关系网络，尽管费心，但这何尝不是一种成长？

成就他人的成就感。由于背负的责任不同，管理者常常会在团队身上体会到为人父母的自豪感。一个人从普通员工晋升为管理者，相当于在心理层面从"儿童"角色转变到"父母"角色，你开始必须去考虑他人的利益，满足他人的需要，为他人服务。这种成就感和自身的成就相比，是更高一个维度的价值感。

会更加坚韧和有勇气。成功的管理者每天都要努力管理自己，成功取决于在前进路上做的每个小选择。强化个人纪律，清楚要做什么和该做什么是不同的，计划做什么和执行到位是不同的。失败和成功，都来自自律，将精力放在重要的事情上，知道进退。只要频繁反复练习，你几乎可以养成任何习惯，产生自控力。研究显示，如果你能坚持某种行为约 18 个月，你就会形成一种要永远做下去的强烈倾向。因此，管理也会对意志力有所训练。

另外，管理者必然会面对大量的心态冲突，成为管理者，本身就是突破

⊖　巴纳德. 经理人员的职能 [M]. 王永贵，译. 北京：机械工业出版社，2013.

舒适区，勇于挑战自我的一大步。管理者必须在自我与环境的矛盾中不停地平衡，这在长期发展上也是一个非常好的调节。

结语

如同电影《和平战士》中，心灵导师苏格拉底对主人公丹·米尔曼所说："没有开始或者终止，只有过程。"人生是一场修炼，修的是心性，炼的是技能，没有终点，出生即开始，永远都在进程中。

我们陪伴了很多管理者走过"至暗时刻"，别着急，每个人都会经历，没有谁比谁更高明，只要坚持就会成功。**在坚持的路上，除了职场的收获，你还会获得很多可迁移的技能。**正如在游泳池中学会了游泳，在大海中也能施展一样。管理者练就的管理技能、打磨的心性，都可以在更多人生的场景找到应用机会。所以可以说，一旦成为管理者，就进入了这场修行的经验加速区：管理技能要求的倾听、沟通、共情，用在处理家庭矛盾、开展子女教育中，也效果明显；管理角色要求的时间管理、任务分配、绩效辅导、培养员工等技能，在自我管理、家庭决策、子女教育中，同样增益匪浅。

成为管理者，能加速人生的修炼，乃至成就更好的自己。